TABLEAUX

SYNOPTIQUES, MÉTHODIQUES ET COMPARATIFS

DE LA

CONJUGAISON ENTIÈRE ET SOUS TOUTES LES FORMES

DES VERBES,

APPLICABLES A TOUTES LES GRAMMAIRES,

SUIVIS D'UNE

TABLE ALPHABÉTIQUE DE TOUS LES VERBES IRRÉGULIERS DE LA LANGUE

AVEC LES OBSERVATIONS RELATIVES A LA CONJUGAISON ET A L'EMPLOI DE CHACUN D'EUX EN PAR...

ET D'UN

TABLEAU SYNOPTIQUE DES FINALES DES VERBES

réduites à sept petites règles très-faciles à retenir.

OUVRAGE

AU MOYEN DUQUEL QUICONQUE SAIT LIRE PEUT IMMÉDIATEMENT CONJUGUER TOUS LES VERBES FRANÇAIS,

Par J.-L. ANDERHUBER,

Instituteur du degré supérieur et auteur de plusieurs ouvrages élémentaires,

A GY (Haute-Saône).

PRIX :

Un seul exemplaire, FRANCO par la poste	14 centimes	
Une		5 francs
Cent		40 francs

NOTA. — S'adresser, franco et valeur seul, et joindre à la demande un MANDAT SUR LA POSTE ou des TIMBRES-POSTE de la valeur de la demande.

LONS-LE-SAUNIER,

IMPRIMERIE ET LITHOGRAPHIE DE A. ROBERT, RUE SAINT-DÉSIRÉ, Nº 13.

TABLEAUX

SYNOPTIQUES, MÉTHODIQUES ET COMPARATIFS

DE LA

CONJUGAISON ENTIÈRE ET SOUS TOUTES LES FORMES

DES VERBES,

APPLICABLES A TOUTES LES GRAMMAIRES,

SUIVIS D'UNE

TABLE ALPHABÉTIQUE DE TOUS LES VERBES IRRÉGULIERS DE LA LANGUE FRANÇAISE,

AVEC LES OBSERVATIONS RELATIVES A LA CONJUGAISON ET A L'EMPLOI DE CHACUN D'EUX EN PARTICULIER,

ET D'UN

TABLEAU SYNOPTIQUE DES FINALES DES VERBES

réduites à sept petites règles très-faciles à retenir.

OUVRAGE

AU MOYEN DUQUEL QUICONQUE SAIT LIRE PEUT IMMÉDIATEMENT CONJUGUER TOUS LES VERBES FRANÇAIS,

Par J.-L. ANDERHUBER,

Instituteur du degré supérieur et auteur de plusieurs ouvrages élémentaires,

A GY (Haute-Saône).

PRIX :

Un seul exemplaire, FRANCO par la poste : 50 centimes.
Douze exemplaires, — 5 francs.
Cent exemplaires, — 40 francs.

NOTA. — S'adresser franco à l'auteur seul, et joindre à la demande un MANDAT SUR LA POSTE ou des TIMBRES-POSTE de la valeur de la demande.

GUIDE.

POUR CONJUGUER UN VERBE QUELCONQUE

n cherche son *infinitif* dans la TABLE ALPHABÉTIQUE, page 14 ou 15. Il se présente deux cas : ou ce verbe se trouve dans ladite table, ou il ne s'y trouve pas. Voici comme on agit dans le

cas. Si le verbe qu'on veut conjuguer se trouve dans ladite table, c'est un verbe *irrégulier* dont la conjugaison est donnée dans la table même, ou indiquée par un numéro d'ordre des verbes irréguliers *simples*, page 10 ou 12, sur lesquels les composés se conjuguent.

cas. Si le verbe qu'on veut conjuguer ne se trouve pas dans ladite table, c'est un verbe *régulier* qui se conjugue sur le tableau de la page 6. Lorsque le verbe a l'infinitif terminé en ER, on consulte en outre les OBSERVATIONS SUR QUELQUES VERBES RÉGULIERS DE LA 1re CONJUGAISON, ge 7.

1854

AVIS TRÈS-IMPORTANT

A MM. LES INSTITUTEURS.

Dans la conjugaison *orale* (de vive voix), toute l'attention du maître ou du moniteur doit se porter sur la prononciation de l'élève p[...] lui faire observer les liaisons entre les consonnes finales des verbes et les voyelles initiales des mots qui suivent. Ainsi, dans la conjugai[...] du verbe *avoir*, avec le mot *envie*, par exemple, *ayant envie, tu as envie, nous avons envie, vous avez envie, ils ont envie, etc.*, se p[...] noncent comme s'il y avait *ayan tenvie, tu a zenvie, nou zavon zenvie, vou zavé zenvie, il zon tenvie, etc.* Même observation pour t[...] les verbes, à tous les temps et à toutes les personnes.

Il faut aussi veiller à ce que l'élève ne fasse aucune liaison dans les temps composés lorsque le participe passé est invariable.

En récitant ainsi les verbes sous l'inspection de quelqu'un qui parle bien, les élèves s'habituent à parler correctement. C'est ce qu[...] appelle *première leçon de langue parlée*. C'est par cette leçon que devraient commencer toutes les grammaires, 1° parce que l'homme p[...] avant d'écrire, 2° parce que cette leçon de langue parlée prépare les élèves à l'orthographe, car celui qui prononce *ayan tenvie* n'écr[...] jamais *ayan* sans *t*, ou *ayans* avec une *s*. Son oreille guidera sa plume infailliblement.

Tout exemplaire non revêtu de la signature de l'auteur sera considéré comme contrefait.

INTRODUCTION.

DES VERBES SOUS LE RAPPORT DE LA CONJUGAISON.

1. Tous les verbes français, au nombre de 8,000 environ, se terminent au présent de l'infinitif de quatre manières différentes, et sont, pour cette raison, partagés en *quatre classes* appelées *conjugaisons*, mot qui signifie *verbes sous le même joug*.

2. La 1re conjugaison comprend les verbes terminés au présent de l'infinitif en *er*, comme *chanter*.
   — 2e — — — — *ir*, — *finir*.
   — 3e — — — — *oir*, — *recevoir*.
   — 4e — — — — *re*, — *rendre*.

3. Les verbes sont *réguliers* ou *irréguliers*, — *simples* ou *composés*, — *complets* ou *incomplets*, — *pronominaux* ou *non-pronominaux*.

4. Les verbes *réguliers* sont ceux qui se conjuguent sur le modèle donné page 6.

5. Les verbes *irréguliers* sont ceux qui s'écartent du modèle des verbes réguliers, page 6, et qui se trouvent dans la *Table alphabétique*, pages 14 et 15.

6. Les verbes *simples* sont ceux qui ne dérivent d'aucun autre, comme *envoyer*, *bouillir*, *courir*, *cueillir*.

7. Les verbes *composés* sont ceux qui sont formés des simples, comme *renvoyer*, *débouillir*, *accourir*, *recueillir*.

8. Les verbes *complets* sont ceux qui s'emploient à tous les temps et à toutes les personnes, comme *chanter*, *aller*.

9. Les verbes *incomplets*, qu'on appelle *défectifs* ou *défectueux*, sont ceux qui manquent de certains temps ou de certaines personnes, comme *gésir* (voyez page 10).

10. Les verbes *défectifs* qui ne s'emploient qu'à la 3e personne du singulier, et qui ont pour *sujet* le pronom *il* ne se rapportant à rien, sont appelés *impersonnels* ou *unipersonnels*, comme *falloir*, *pleuvoir*, *neiger*.

11. Les verbes *pronominaux* sont ceux qui, dans toute leur conjugaison, prennent *deux pronoms de la même personne*, comme *je me flatte, tu te loues, il se promène*.

12. Les verbes *non-pronominaux* sont ceux qui se conjuguent partout avec *un seul pronom*, comme *je chante, je finis*, etc.

13. Il y a deux verbes, *avoir* et *être*, qui se conjuguent à part et qui *aident* à conjuguer tous les autres dans quelques-uns de leurs temps (21). On les appelle, pour ce dernier motif, *verbes auxiliaires*.

14. *Conjuguer un verbe*, c'est l'écrire ou le réciter sous toutes ses formes dans un ordre déterminé. L'ordre le plus rationnel est de commencer par l'*Infinitif*, parce que ce temps exprime simplement l'affirmation, sans aucun rapport de personne ni de nombre, et que *seul* indiquant la conjugaison à laquelle appartiennent les verbes, il en est la véritable clef, le vrai et unique guide.

Du Radical et de la Terminaison.

15. Chaque verbe est composé de deux parties. La première (à gauche), invariable dans les verbes réguliers, est le *radical* ou la *racine* du verbe. Nous la représentons dans le modèle des verbes réguliers, page 6, par un *trait droit* (—). La seconde partie, qui varie selon la personne, le nombre, le mode et le temps, en est la *terminaison*.

16. Pour *trouver le radical* d'un verbe régulier (1), on retranche la terminaison *er*, *ir*, *oir* ou *re* du présent de l'infinitif.

AINSI

le *radical* du verbe *chanter* est *chant*;   le *radical* du verbe *recevoir* est *rec*;
— — *finir* — *fin*;   — — *rendre* — *rend*.

De la formation du Participe passé dans les verbes réguliers (1).

17. Pour former le *participe passé* d'un verbe régulier, on joint à son radical un
   s'il est de la 1re conjugaison,   Ainsi, le verbe *chanter*, dont le radical est *chant*, fait au participe passé *chanté*.
   — 2e —   *finir*,   — *fin*,   — *fini*.
   — 3e —   *recevoir*,   — *rec*,   — *reçu*.
   — 4e —   *rendre*,   — *rend*,   — *rendu*.

18. Le *participe passé* des verbes réguliers est représenté sur le modèle de la page 6 par *trois points* (. . .).

Des temps simples et des temps composés.

19. Les temps des verbes sont *simples* ou *composés*.

20. Les temps *simples* sont ceux où le verbe est d'un *seul* mot. Ex: je chante, je chantais, etc.

21. Les temps *composés* sont ceux où le verbe est formé de l'auxiliaire *avoir* ou de l'auxiliaire *être* et du *participe passé*. Ex: j'ai chanté, j'eus chanté, etc. — je suis arrivé, je fus arrivé, etc.

Des verbes Passifs.

22. Les verbes *passifs* ne sont rien autre chose que le verbe *être*, auquel on ajoute le *participe passé* du verbe que l'on conjugue, comme *être aimé, être fini, être reçu, être rendu*.

De l'élision de certains mots.

23. Les pronoms *je, me, te, se*, et la conjonction *que* (qui se répète devant chaque sujet) s'élident, c'est-à-dire s'écrivent *j', m', t', s', qu'* devant une voyelle ou une *h* muette. Ex: j'aime, je m'aime, tu t'aimes, qu'il s'habitue.

De l'emploi des verbes Auxiliaires.

24. Les verbes se conjuguent *généralement* avec   *avoir* pour marquer l'action. Ex: j'ai lu, j'ai travaillé.
                                                       être pour marquer l'état. Ex: je suis mort, ils sont décédés.

25. On conjugue *toujours* avec   *avoir* les verbes actifs ou transitifs. (Voir une grammaire.)
                                    être — passifs et les verbes *pronominaux*. (Idem.)

De l'accord du Participe passé.

Le participe passé

employé *seul*	employé avec l'auxiliaire *avoir*	employé avec l'auxiliaire *être*	des verbes *impersonnels* est toujours invariable:
s'accorde en genre et en nombre			
avec le mot auquel il se rapporte: Que de REMPARTS détruits.	avec son complément direct qui le précède seulement: Ma mère a acheté DES LIVRES; voilà les livres QUE ma mère a achetés.	avec son sujet: Nous avons été frappés; NOUS SOMMES venus.	Il est arrivé de grands malheurs; Les chaleurs qu'IL a fait.

---

(1) Le *radical* et le *participe passé* des verbes *irréguliers* n'étant soumis à aucune règle de formation, nous les avons distingués de la terminaison, sur le tableau des verbes irréguliers, pages 10, 11, 12 et 13, par des caractères romains.

Conjugaison du verbe auxiliaire
AVOIR.

INFINITIF.	PASSÉ INDÉFINI.			SUBJONCTIF.
PRÉSENT.	j' ai	eu	nous aurons eu	PRÉSENT.
avoir	tu as	eu	vous aurez eu	que j' aie
PASSÉ.	il a	eu	ils auront eu	que tu aies
avoir eu	nous avons	eu	CONDITIONNEL.	qu'il ait
PARTICIPE PRÉSENT.	vous avez	eu		que nous ayons
ayant	ils ont	eu	PRÉSENT.	que vous ayez
PARTICIPE PASSÉ.	PASSÉ ANTÉRIEUR.		j' aurais	qu'ils aient
eu, e	j' eus	eu	tu aurais	IMPARFAIT.
ayant eu	tu eus	eu	il aurait	
INDICATIF.	il eut	eu	nous aurions	que j' eusse
	nous eûmes	eu	vous auriez	que tu eusses
PRÉSENT.	vous eûtes	eu	ils auraient	qu'il eût
j' ai	ils eurent	eu		que nous eussions
tu as	PLUS-QUE-PARFAIT.		PASSÉ.	que vous eussiez
il a	j' avais	eu	j' aurais eu	qu'ils eussent
nous avons	tu avais	eu	tu aurais eu	
vous avez	il avait	eu	il aurait eu	PASSÉ.
ils ont	nous avions	eu	nous aurions eu	
IMPARFAIT.	vous aviez	eu	vous auriez eu	que j' aie eu
j' avais	ils avaient	eu	ils auraient eu	que tu aies eu
tu avais			ON DIT AUSSI:	qu'il ait eu
il avait	FUTUR.		j' eusse eu	que nous ayons eu
nous avions	j' aurai		tu eusses eu	que vous ayez eu
vous aviez	tu auras		il eût eu	qu'ils aient eu
ils avaient	il aura		nous eussions eu	PLUS-QUE-PARFAIT.
PASSÉ DÉFINI.	nous aurons		vous eussiez eu	
j' eus	vous aurez		ils eussent eu	que j' eusse eu
tu eus	ils auront		IMPÉRATIF.	que tu eusses eu
il eut	FUTUR ANTÉRIEUR.		Point de 1re personne singulière	qu'il eût eu
nous eûmes	j' aurai	eu	ni de 3e pour les deux nombres.	que nous eussions eu
vous eûtes	tu auras	eu	aie	que vous eussiez eu
ils eurent	il aura	eu	ayons	qu'ils eussent eu
			ayez	

Mots à ajouter au verbe AVOIR sans accord [1]

0. mal,	20. du pain,	40. de l'or,	60. un cou,	80. deux bras,	100. quinze élèves,
1. froid,	21. du vin,	41. de l'argent,	61. un front,	81. deux mains,	101. seize pantalons,
2. chaud,	22. du miel,	42. de l'esprit,	62. un nez,	82. deux pieds,	102. dix-sept tableaux,
3. faim,	23. du lait,	43. de l'ordre,	63. un cœur,	83. deux oreilles,	103. dix-huit tables,
4. soif,	24. du lard,	44. de l'ambition,	64. un foie,	84. deux yeux,	104. dix-neuf florins,
5. raison,	25. du sel,	45. de l'agrément,	65. un menton,	85. deux orteils,	105. vingt louis d'or,
6. tort,	26. du lin,	46. de l'aplomb,	66. un pouls,	86. deux pouces,	106. vingt et un sous,
7. peur,	27. du riz,	47. de l'amitié,	67. un bonnet,	87. deux jambes,	107. vingt-deux chiens,
8. honte,	28. du plaisir,	48. de l'adresse,	68. un habit,	88. trois sous,	108. trente lapins,
9. droit,	29. du chagrin,	49. de l'intelligence,	69. un gilet,	89. quatre ans,	109. trente et un clous,
10. lieu,	30. de la joie,	50. des écus,	70. une âme,	90. cinq francs,	110. quarante poules,
11. soin,	31. de la fortune,	51. des amis,	71. une tête,	91. six livres,	111. cinquante cochons,
12. besoin,	32. de la force,	52. des ennemis,	72. une poitrine,	92. sept ouvriers,	112. soixante chevaux,
13. pitié,	33. de la volonté,	53. des fruits,	73. une barbe,	93. huit oiseaux,	113. septante moutons,
14. coutume,	34. de la raison,	54. des noix,	74. une bouche,	94. neuf cahiers,	114. quatre-vingts chèvres,
15. envie,	35. de la science,	55. des prunes,	75. une chemise,	95. dix doigts,	115. nonante bœufs,
16. affaire,	36. de la vertu,	56. des pommes,	76. une robe,	96. onze canifs,	116. quatre-vingt-dix vache
17. appétit,	37. de la modestie,	57. des poires,	77. une veste,	97. douze règles,	117. cent ânes,
18. occasion,	38. de la prudence,	58. des cerises,	78. une jupe,	98. treize volumes,	118. mille boucs,
19. horreur,	39. de la sagesse,	59. des gants,	79. une redingote,	99. quatorze plumes,	119. un million de veaux,

(1) En ajoutant un de ces mots au verbe AVOIR, voici comme on doit le conjuguer dans les temps personnels:

1° j'ai mal,	2° j'ai mal,	3° j'ai mal,	4° j'ai mal,	5° j'ai mal,
tu as mal,	tu as mal,	tu as mal,	tu as mal,	tu as mal,
il a mal,	elle a mal,	Pierre a mal,	Julie a mal,	cet enfant a mal,
nous avons mal,	nous avons mal,	nous avons mal,	nous avons mal,	nous avons mal,
vous avez mal,	vous avez mal,	vous avez mal,	vous avez mal,	vous avez mal,
ils ont mal,	elles ont mal,	P. et Paul ont mal,	J. et Marie ont mal,	ces enfants ont mal, etc.

Conjugaison du verbe auxiliaire

ÊTRE.

INFINITIF.

PRÉSENT.
être

PASSÉ.
avoir été

PARTICIPE PRÉSENT.
étant

PARTICIPE PASSÉ.
été *(inv.)*
ayant été

INDICATIF.

PRÉSENT.
je suis
tu es
il est
nous sommes
vous êtes
ils sont

IMPARFAIT.
j' étais
tu étais
il était
nous étions
vous étiez
ils étaient

PASSÉ DÉFINI.
je fus
tu fus
il fut
nous fûmes
vous fûtes
ils furent

PASSÉ INDÉFINI.

j' ai été
tu as été
il a été
nous avons été
vous avez été
ils ont été

PASSÉ ANTÉRIEUR.
j' eus été
tu eus été
il eut été
nous eûmes été
vous eûtes été
ils eurent été

PLUS-QUE-PARFAIT.
j' avais été
tu avais été
il avait été
nous avions été
vous aviez été
ils avaient été

FUTUR.
je serai
tu seras
il sera
nous serons
vous serez
ils seront

FUTUR ANTÉRIEUR.
j' aurai été
tu auras été
il aura été

nous aurons été
vous aurez été
ils auront été

CONDITIONNEL.

PRÉSENT.
je serais
tu serais
il serait
nous serions
vous seriez
ils seraient

PASSÉ.
j' aurais été
tu aurais été
il aurait été
nous aurions été
vous auriez été
ils auraient été

ON DIT AUSSI:
j' eusse été
tu eusses été
il eût été
nous eussions été
vous eussiez été
ils eussent été

IMPÉRATIF.

*Point de 1re personne singulière
ni de 3e pour les deux nombres.*

sois
soyons
soyez

SUBJONCTIF.

PRÉSENT.
que je sois
que tu sois
qu'il soit
que nous soyons
que vous soyez
qu'ils soient

IMPARFAIT.
que je fusse
que tu fusses
qu'il fût
que nous fussions
que vous fussiez
qu'ils fussent

PASSÉ.
que j' aie été
que tu aies été
qu'il ait été
que nous ayons été
que vous ayez été
qu'ils aient été

PLUS-QUE-PARFAIT.
que j' eusse été
que tu eusses été
qu'il eût été
que nous eussions été
que vous eussiez été
qu'ils eussent été

Mots à ajouter au verbe ÊTRE avec accord (1).

juste, s.	20. blond, e, s.	40. ardent, e, s.	60. fin, e, s.	80. chrétien, ne, s.	100. menteur, se, s.
sobre, s.	21. chaud, e, s.	41. éloquent, e, s.	61. voisin, e, s.	81. gardien, ne, s.	101. voleur, se, s.
docile, s.	22. froid, e, s.	42. innocent, e, s.	62. vain, e, s.	82. païen, ne, s.	102. parleur, se, s.
sage, s.	23. laid, e, s.	43. constant, e, s.	63. divin, e, s.	83. ancien, ne, s.	103. débiteur, rice, s.
aimable, s.	24. lourd, e, s.	44. méchant, e, s.	64. brun, e, s.	84. bon, ne, s.	104. directeur, rice, s.
utile, s.	25. grand, e, s.	45. confus, e, s.	65. commun, e, s.	85. bouffon, ne, s.	105. calomniateur, rice, s.
affable, s.	26. rond, e, s.	46. gris, e, s.	66. civil, e, s.	86. mignon, ne, s.	106. enchanteur, eresse, s.
économe, s.	27. sourd, e, s.	47. soumis, e, s.	67. vil, e, s.	87. paysan, ne, s.	107. beau, x; belle, s.
habile, s.	28. fécond, e, s.	48. surpris, e, s.	68. seul, e, s.	88. alsacien, ne, s.	108. nouveau, x; nouvelle, s.
honnête, s.	29. mignard, e, s.	49. perclus, e, s.	69. soûl, e, s.	89. vilain, ne, s.	109. vieux; vieille, s.
âgé, e, s.	30. délicat, e, s.	50. clair, e, s.	70. nul, le, s.	90. heureux, se, s.	110. bref, brève, s.
éclairé, e, s.	31. adroit, e, s.	51. dur, e, s.	71. cruel, le, s.	91. boiteux, se, s.	111. coi, te, s.
affamé, e, s.	32. dévot, e, s.	52. pur, e, s.	72. fraternel, le, s.	92. envieux, se, s.	112. fier, fière, s.
emporté, e, s.	33. fort, e, s.	53. noir, e, s.	73. immortel, le, s.	93. curieux, se, s.	113. doux; douce, s.
étourdi, e, s.	34. distrait, e, s.	54. sûr, e, s.	74. pareil, le, s.	94. oublieux, se, s.	114. original, aux; ale, s.
gai, e, s.	35. érudit, e, s.	55. majeur, e, s.	75. vermeil, le, s.	95. actif, ve, s.	115. social, aux; ale, s.
impoli, e, s.	36. saint, e, s.	56. mineur, e, s.	76. sot, te, s.	96. attentif, ve, s.	116. loyal, aux; ale, s.
no, e, s.	37. instruit, e, s.	57. inférieur, e, s.	77. sujet, te, s.	97. vif, ve, s.	117. jovial, aux; ale, s.
assidu, e, s.	38. petit, e, s.	58. supérieur, e, s.	78. muet, te, s.	98. naïf, ve, s.	118. égal, aux; ale, s.
éperdu, e, s.	39. court, e, s.	59. meilleur, e, s.	79. douillet, te, s.	99. sauf, ve, s.	119. brutal, aux; ale, s.

(1) En ajoutant un de ces mots au verbe ÊTRE, voici comme on doit le conjuguer dans les temps personnels:

1° je suis juste,	2° je suis juste,	3° je suis juste,	4° je suis juste,	5° je suis juste,
tu es juste,	tu es juste,	tu es juste,	tu es juste,	tu es juste,
il est juste,	elle est juste,	Pierre est juste,	Julie est juste,	cet enfant est juste,
nous sommes justes,	nous sommes justes,	nous sommes justes,	nous sommes justes,	nous sommes justes,
vous êtes justes,	vous êtes justes,	vous êtes justes,	vous êtes justes,	vous êtes justes,
ils sont justes,	elles sont justes,	P. et Paul sont justes,	J. et Marie sont justes,	ces enfants sont justes, etc.

2.

TABLEAU SYNOPTIQUE, MÉTHODIQUE ET COMPARATIF DE LA CONJUGAISON ENTIÈRE DE TOUS LES VERBES RÉGULIERS

RÈGLE.

POUR CONJUGUER UN VERBE RÉGULIER

ON MET
1° son *radical* à la place de ce *trait droit* (—), et l'on y joint les *terminaisons* de la 1re, 2e, 3e ou 4e conjugaison, selon que le verbe qu'on veut conjuguer appartient à l'une ou à l'autre. — (Voyez 15 et 16, page 3).
2° son *participe passé* à la place de ces *trois points* (. . .), après l'auxiliaire *avoir* ou après l'auxiliaire *être*, selon que le verbe qu'on veut conjuguer prend l'un ou l'autre. — (Voyez 17, page 3).

SUJET		TERMINAISONS DE LA				SUJET		TERMINAISONS DE LA			
		1re c.	2e c.	3e c.	4e c.			1re c.	2e c.	3e c.	4e c.
INFINITIF.						**FUTUR ANTÉRIEUR.**					
PRÉSENT.						j'		aurai	je	me	serai
(1) se		er	ir	evoir	re	tu	auras	tu	te	seras
PASSÉ.						il	aura	il	se	sera
avoir			s'	être		nous	aurons	nous	nous	serons
PARTICIPE PRÉSENT.						vous	aurez	vous	vous	serez
se		ant	issant	evant	ant	ils	auront	ils	se	seront
PARTICIPE PASSÉ.						**CONDITIONNEL.**					
ayant	c, s		s'	étant	c, s	*PRÉSENT.*					
INDICATIF.						je	me	erais	irais	evrais	rais
PRÉSENT.						tu	te	erais	irais	evrais	rais
(2) je	me	e	is	ois	s	il	se	erait	irait	evrait	rait
tu	te	es	is	ois	s	nous	nous	erions	irions	evrions	rions
il	se	e	it	oit	t	vous	vous	eriez	iriez	evriez	riez
nous	nous	ons	issons	evons	ons	ils	se	eraient	iraient	evraient	raient
vous	vous	ez	issez	evez	ez	*PASSÉ.*					
ils	se	ent	issent	oivent	ent	j'	aurais	je	me	serais	
IMPARFAIT.						tu	aurais	tu	te	serais	
je	me	ais	issais	evais	ais	il	aurait	il	se	serait	
tu	te	ais	issais	evais	ais	nous	aurions	nous	nous	serions	
il	se	ait	issait	evait	ait	vous	auriez	vous	vous	seriez	
nous	nous	ions	issions	evions	ions	ils	auraient	ils	se	seraient	
vous	vous	iez	issiez	eviez	iez	*ON DIT AUSSI.*					
ils	se	aient	issaient	evaient	aient	j'	eusse	je	me	fusse	
PASSÉ DÉFINI.						tu	eusses	tu	te	fusses	
je	me	ai	is	us	is	il	eût	il	se	fût	
tu	te	as	is	us	is	nous	eussions	nous	nous	fussions	
il	se	a	it	ut	it	vous	eussiez	vous	vous	fussiez	
nous	nous	âmes	îmes	ûmes	îmes	ils	eussent	ils	se	fussent	
vous	vous	âtes	îtes	ûtes	îtes	**IMPÉRATIF.**					
ils	se	èrent	irent	urent	irent	Point de 1re personne singulière ni de 3e pour les deux nombres.					
PASSÉ INDÉFINI.								e-toi (3)	is-toi	ois-toi	s-toi
j'	ai	je	me	suis				ons-nous	issons-n.	evons-nous	ons-nous
tu	as	tu	t'	es				ez-vous	issez-vous	evez-vous	ez-vous
il	a	il	s'	est		**SUBJONCTIF.**					
nous	avons	nous	nous	sommes	s	*PRÉSENT.*					
vous	avez	vous	vous	êtes	s	que je	me	e	isse	oive	e
ils	ont	ils	se	sont	s	que tu	te	es	isses	oives	es
PASSÉ ANTÉRIEUR.						qu'il	se	e	isse	oive	e
j'	eus	je	me	fus		que nous	nous	ions	issions	evions	ions
tu	eus	tu	te	fus		que vous	vous	iez	issiez	eviez	iez
il	eut	il	se	fut		qu'ils	se	ent	issent	oivent	ent
nous	eûmes	nous	nous	fûmes	s	*IMPARFAIT.*					
vous	eûtes	vous	vous	fûtes	s	que je	me	asse	isse	usse	isse
ils	eurent	ils	se	furent	s	que tu	te	asses	isses	usses	isses
PLUS-QUE-PARFAIT.						qu'il	se	ât	ît	ût	ît
j'	avais	je	m'	étais		que nous	nous	assions	issions	ussions	issions
tu	avais	tu	t'	étais		que vous	vous	assiez	issiez	ussiez	issiez
il	avait	il	s'	était		qu'ils	se	assent	issent	ussent	issent
nous	avions	nous	nous	étions	s	*PASSÉ.*					
vous	aviez	vous	vous	étiez	s	que j'	aie	que je	me	sois	
ils	avaient	ils	s'	étaient	s	que tu	aies	que tu	te	sois	
FUTUR.						qu'il	ait	qu'il	se	soit	
je	me	erai	irai	evrai	rai	que nous	ayons	que nous	nous	soyons	s
tu	te	eras	iras	evras	ras	que vous	ayez	que vous	vous	soyez	s
il	se	era	ira	evra	ra	qu'ils	aient	qu'ils	se	soient	s
nous	nous	erons	irons	evrons	rons	**PLUS-QUE-PARFAIT.**					
vous	vous	erez	irez	evrez	rez	que j'	eusse	que je	me	fusse	
ils	se	eront	iront	evront	ront	que tu	eusses	que tu	te	fusses	
						qu'il	eût	qu'il	se	fût	
						que nous	eussions	que nous	nous	fussions	
						que vous	eussiez	que vous	vous	fussiez	
						qu'ils	eussent	qu'ils	se	fussent	

(1) Dans la conjugaison des verbes non-pronominaux, on supprime les pronoms en caractères *italiques*. — (2) Les pronoms *je*, *tu*, *le*, *se* s'élident devant une voyelle ou une *h* muette. Ex.: *j'aime*, *je m'aime*, *tu t'aimes*, *si t'habitue*. — (3) La seconde personne singulière de l'impératif, lorsqu'elle est terminée par un *e* muet, comme *travaille*, *donne*, prend une *s* pour la douceur de la prononciation devant *y*, *en*. Ex.: *travailles-y*, *donnes-en*.

Observations. — 1° Dans les verbes ci-dessous, la première partie en est le radical, la seconde la terminaison; 2° la lettre g, i où g, après la terminaison, forme le participe passé; 3° les lettres t, i, après le trait d'union, marquent l'auxiliaire avoir ou être que prend chaque verbe dans les temps composés; 4° chaque verbe doit être conjugué d'abord seul, comme je chante, tu chantes, etc., puis en y ajoutant partout un complément, comme je chante un cantique, tu chantes un cantique, etc.(1).

1re CONJUGAISON.	2me CONJUGAISON.	3me CONJUGAISON.	4me CONJUGAISON.
Infinitif en er.	*Infinitif en* ir.	*Infinitif en* evoir.	*Infinitif en* re.
Part. passé en é.	*Part. passé en* i.	*Part. passé en* u.	*Part. passé en* u.
1. Chant er, é.—a. un cantique.	1. Fin ir, i.—a. un ouvrage.		1. Rend re, u.—a. un dépôt.
2. Parl er, é.—a. en public.	2. Pun ir, i.—a. un criminel.		2. Se Rend re, u.—au devoir.
3. Aim er, é.—a. à lire.	3. Jou ir, i.—a. d'une rente.		3. Vend re, u.—a. une terre.
4. Habit er, é.—a. une ville.	4. Nourr ir, i.—a. un orphelin.		4. Se vend re, u.—a un parti.
5. Arriv er, é.—é. à Lyon.	5. Grand ir, i.—a. depuis un an.		5. Tend re, u.—a. une corde.
6. Mont er, é.—é. à cheval.	6. Gross ir, i.—a. depuis peu.	OBSERVATIONS.	6. Tond re, u.—a. une brebis.
7. Rest er, é.—a. en chemin.	7. Pér ir, i.—a. en route.	1° Dans les verbes en cevoir on met une cédille sous le c devant a, u. Ex: je reçois, je reçus.	7. Tord re, u.—a une linge.
8. Demeur er, é.—a. en route.	8. Pâl ir, i.—é. depuis dix jours.		8. Se Tord re, u.—a. les mains.
9. Pass er, é.—é. par Amiens.	9. Pour ir, i.—a. en prison.	1. Reç evoir, u.—a. un prix.	9. Fond re, u.—a. une boule.
10. Pri er, é.—é. depuis hier.	10. Vieill ir, i.—a. dans la maladie.	2. Aperc evoir, u.—a. un objet.	10. Mord re, u.—a. dans la plaie.
11. Jou er, é.—a. d'un instrument.	11. Vieill ir, i.—a. dans la maladie.	3. S'aperc evoir, u.—de l'erreur.	11. S'en mord re, u.—é. les doigts.
12. Plur er, é.—de quelqu'un.	12. Réjou ir, i.—a. la société.	4. Conc evoir, u.—a. une idée.	12. Descend re, u.—a. un escalier.
13. Lou er, é.—a. une maison.	13. Se réjou ir, i.—d'une nouvelle.	5. Se conc evoir, u.—facilement.	13. Descend re, u.—a. au salon.
14. Sciu er, é.—du travail.	14. Établ ir, i.—a. un commerce.	6. Déc evoir, u.—a. une personne.	14. Perd re, u.—a. un bien.
15. Li er, é.—a. une gerbe.	15. S'établ ir, i.—a. dans le monde.	Ce verbe est peu usité dans les temps simples.	15. Se perd re, u.—dans le bois.
16. Si er, é.—les mains.	16. Aigr ir, i.—a. une douleur.	7. Prév oir, u.—a. les impôts.	16. S'y perd re, u.—entièrement.
17. Tu er, é.—a. un assassin.	17. S'aigr ir, i.—à la vue d'un crime.	8. Préconc evoir, u.—a. un plan.	17. Pend re, u.—a. un voisin.
18. Se tu er, é.—de chagrin.	18. Obé ir, i.—a. aux supérieurs.	9. Reperc evoir, u.—a. les impôts.	18. Se pend re, u.—a un arbre.
19. Habill er, é.—a. un pauvre.	19. Applaud ir, i.—a. une comédie.	2° On met un accent circonflexe sur l'u au participe passé masculin singulier des verbes devoir et redevoir. Ex: dû, redû.	19. Fend re, u.—a. un arbre.
20. S'habill er, é.—à la mode.	20. S'applaud ir, i.—d'un choix.		20. Fond re, u.—a. un œuf.
21. Cro er, é.—a. un système.	21. Ag ir, i.—a. en honnête homme.		21. Entend re, u.—a. clair.
22. Se cré er, é.—une rente.	22. S'ag ir, i. (imp.)—de vaincre.	10. De voir, u.—a. la vie à Dieu.	22. S'entend re, u.—au commerce.
23. Agré er, é.—a. un service.	23. Chér ir, i.—a. la vertu.	11. Red evoir, u.—a. une pareille somme.	23. Redescend re, u.—a. de cheval.
24. Grêl er, é. (imp.)—a. en été.	24. Un ir, i.—a. un chemin.		24. Redescend re, u.—a. au salon.
25. Tonn er, é. (imp.)—a. toute la nuit.	25. S'un ir, i.—à quelqu'un.	3° Cette conjugaison ne renferme que les neuf verbes réguliers ci-dessus; tous les verbes en oir sont irréguliers.	25. Refond re, u.—a. un canon.
26. Éclair er, é. (imp.)—a. la nuit.	26. Lang ir, i.—a. un malade.		26. Refond re, u.—a. un client.
27. Arriv er, é. (imp.)—a un accident.	27. Se guér ir, i.—d'un mal.		27. Se défend re, u.—du vice.
28. Résult er, é. (imp.)—é. de là que...	28. Langu ir, i.—a. dans la misère.		28. Répond re, u.—a. à une lettre.

OBSERVATIONS
sur quelques verbes réguliers de la première conjugaison.

1. Dans les verbes terminés au présent de l'infinitif en cer, comme tracer, on met une cédille sous le c devant a, o. Ex: je traçais, nous traçons.

EXERCICES.

Trac er, é.—a. un plan.
Annonc er, é.—a. une chasse.
Berc er, é.—a. un enfant.
Efface er, é.—a. un mot.

2. Dans les verbes terminés au présent de l'infinitif en ger, comme nager, on met un e muet après le g devant a, o. Ex: je nageais, nous nageons.

EXERCICES.

Mang er, é.—a. une pomme.
Chang er, é.—a. une tapisserie.
Charg er, é.—a. un âne.
S'engag er, é.—à quelque chose.

3. Dans les verbes terminés au présent de l'infinitif en eler, eter, comme appeler, jeter, on double les lettres l, t devant une e muet. Ex: j'appelle, je jette.

EXERCICES.

Appel er, é.—a. au secours.
Atteler, é.—a. un carrosse.
Ficel er, é.—a un mot.
Jet er, é.—a. une pierre en l'air.
Cachet er, é.—a. une lettre.
Projet er, é.—a. une entreprise.

REMARQUE. L'Académie ne double pas les lettres l, t dans les verbes acheter, bourreler, déceler, geler, harceler, peler, etc. Elle écrit j'achète, je bourrèle; je décèle, je gèle, je harcèle, je pèle, etc.

4. Dans les verbes terminés au présent de l'infinitif en yer, comme ployer, on change l'y en i devant un e muet. Ex: je ploie.

Ploy er, é.—a. une branche.
S'ennuy er, é.—ici, d'attendre.
Nettoy er, é.—a. un habit.
S'appuy er, é.—sur la prudence.

REMARQUE. L'Académie préfère toutefois conserver l'y dans les verbes en ayer, comme payer: Elle écrit je paye et je paie.

EXERCICES.

Pay er, é.—a. une dette.
Balay er, é.—a. une chambre.
S'effray er, é.—d'un péril.
Ray er, é.—a. un mot.

5. Les verbes dont l'avant-dernière syllabe de l'infinitif renferme un é muet, comme mener, ou un é fermé, comme espérer, on change l'é et l'é muet ou l'é fermé en è ouvert, lorsque la syllabe suivante est muette. Ex: je mène, je mènerai;—j'espère, j'espérerai.

EXERCICES.

Men er, é.—a. des marchandises.
Pes er, é.—a. un ballot.
Espér er, é.—a. en Dieu.
Décéd er, é.—é. en prison.

REMARQUE. 1° L'usage et les bons grammairiens veulent qu'on écrive au futur et au conditionnel je céderai, je cédrais,—je célébrerai, je célébrerais, etc.; 2° l'Académie conserve partout l'accent aigu dans les verbes en éger, comme abréger. Ex: j'abrège, j'abrégerai.

EXERCICES.

Abrég er, é.—a. un discours.
Protég er, é.—a. l'innocence.
Agrég er, é.—a. un professeur.
Allég er, é.—a. un portefaix.

---

(1) Dans les temps composés voici comme on conjugue le *participe passé* avec l'auxiliaire

AVOIR.		ÊTRE.	
1° j'ai chanté un cantique,	2° j'ai chanté un cantique,	1° je suis arrivé à Lyon,	2° je suis arrivée à Lyon,
tu as chanté un cantique,	tu as chanté un cantique,	tu es arrivé à Lyon,	tu es arrivée à Lyon,
il a chanté un cantique,	elle a chanté un cantique,	il est arrivé à Lyon,	elle est arrivée à Lyon,
nous avons chanté un cantique,	nous avons chanté un cantique,	nous sommes arrivés à Lyon,	nous sommes arrivées à Lyon,
vous avez chanté un cantique,	vous avez chanté un cantique,	vous êtes arrivés à Lyon,	vous êtes arrivées à Lyon,
ils ont chanté un cantique.	elles ont chanté un cantique, etc.	ils sont arrivés à Lyon, etc.	elles sont arrivées à Lyon, etc.

Conjugaison des verbes sous la FORME NÉGATIVE.

INFINITIF.

PRÉSENT.

ne pas se lier

PASSÉ.

n'avoir pas lié ; ne s'être pas lié

PARTICIPE PRÉSENT.

ne se liant pas

PARTICIPE PASSÉ.

lié, e, s , | lié, e, s ,
n'ayant pas lié | ne s'étant pas lié

INDICATIF.

PRÉSENT.

je ne me lie pas
tu ne te lies pas
il ne se lie pas
n. ne nous lions pas
v. ne vous liez pas
ils ne se lient pas

IMPARFAIT.

je ne me liais pas
tu ne te liais pas
il ne se liait pas
n. ne nous liions pas
v. ne vous liiez pas
ils ne se liaient pas

PASSÉ DÉFINI.

je ne me liai pas
tu ne te lias pas
il ne se lia pas
n. ne nous liâmes pas
v. ne vous liâtes pas
ils ne se lièrent pas

PASSÉ INDÉFINI.

je n'ai | je ne me suis
tu n'as | tu ne t'es
il n'a | il ne s'est
n. n'avons | n.ne n.som.
v. n'avez | v. ne v. êtes
ils n'ont | ils ne se sont

PASSÉ ANTÉRIEUR.

je ne me fus
tu ne te fus
il ne se fut
n. ne n. fûmes
v. ne v. fûtes
ils ne se furent

je n'eus
tu n'eus
il n'eut
n.n'eûmes
v. n'eûtes
ils n'eurent

PLUS-QUE-PARFAIT.

je n'avais | je ne m'étais
tu n'avais | tu ne t' étais
il n'avait | il ne s'. était
n.n'avions | n.ne n. étions
v. n'aviez | v. ne v. étiez
ilsn'avaient | ils ne s'étaient

FUTUR.

je ne me lierai pas
tu ne te lieras pas
il ne se liera pas
nous ne nous lierons pas
vous ne vous lierez pas
ils ne se lieront pas

FUTUR ANTÉRIEUR.

je n'aurai | je ne me serai
tu n'auras | tu ne te seras
il n'aura | il ne se sera
n. n'aurons | n.de n. serons
v. n'aurez | v. ne v. serez
ils n'auront | ils ne se seront

CONDITIONNEL.

PRÉSENT.

je ne me lierais pas
tu ne te lierais pas
il ne se lierait pas
nous ne nous lierions pas
vous ne vous lieriez pas
ils ne se lieraient pas

PASSÉ.

je n'aurais | je ne me serais
tu n'aurais | tu ne te serais
il n'aurait | il ne se serait

n. n'aurions | n. ne n. serions
v. n'auriez | v. ne v. seriez
ils n'aurate | ils ne se seraient

On dit aussi :

je n'eusse | je ne me fusse
tu n'eusses | tu ne te fusses
il n'eût | il ne se fût
n. n'eussions | n.ne n.fussions
v. n'eussiez | v. ne v. fussiez
ils n'eussent | ils ne se fussent

IMPÉRATIF.

ne te lie pas
ne nous lions pas
ne vous liez pas

SUBJONCTIF.

PRÉSENT.

que je ne me lie pas
que tu ne te lies pas
qu'il ne se lie pas
que nous ne n. liions pas
que vous ne v. liiez pas
qu'ils ne se lient pas

IMPARFAIT.

que je ne me liasse pas
que tu ne te liasses pas
qu'il ne se liât pas
que nous ne nous liassions pas
que vous ne vous liassiez pas
qu'ils ne se liassent pas

PASSÉ.

q. je n'aie | q. je ne me sois
q. tu n'aies | q. tu ne te sois
qu'il n'ait | qu'il ne se soit
q. n. n'ayons | q.n.ne n. soyons
q. v. n'ayez | q. v. ne v. soyez
qu'ils n'aient | qu'ils ne se soient

PLUS-QUE-PARFAIT.

q.je n'eusse | q. je ne me fusse
q.tu n'eusses | q.tu ne te fusses
qu'il n'eût | qu'il ne se fût
q.n. ne n.fussions | q.n. ne n.fussions
q. v. n'eussiez | q.v. ne v. fussiez
qu'ils n'eussent | qu'ils ne se fussent

VERBES A CONJUGUER.

1. Ne pas se lier. — les mains.
2. Ne pas abandonner. — a. la maison.
3. Ne pas s'abandonner. — à la débauche.
4. Ne pas abîmer. — a. les habits.
5. Ne pas abjurer. — u. une opinion.
6. Ne pas s'accabler. — de travail.
7. Ne pas avilir. — a. le caractère.
8. Ne pas languir. — a. de misère.
9. Ne pas pécher. — a. contre l'honneur.
10. Ne point accuser. — a. faux.
11. N'accuser personne. — a. d'un crime.
12. Ne point s'accuser. — d'avoir trahi.
13. Ne jamais blasphémer. — a. contre la religion.
14. Ne jamais jurer. — a. sur l'honneur.
15. Ne pas recevoir. — a. de récompense.
16. Ne pas s'apercevoir. — du mal.
17. N'en douter nullement. — a.
18. N'ambitionner aucunement. — a. les honneurs.
19. Ne pas arriver. — é. à temps.
20. Ne s'aviser de rien.
21. Ne pas cesser. — a. de prier Dieu.
22. Ne cesser. — a. de pleurer.
23. Ne pas attendre. — a. plus longtemps.
24. Ne pas s'entendre. — au commerce.

Conjugaison des verbes sous la FORME INTERROGATIVE.

INDICATIF.

PRÉSENT.

me lié-je ?
te lies-tu ?
se lie-t-il ?
nous lions-nous ?
vous liez-vous ?
se lient-ils ?

IMPARFAIT.

me liais-je ?
te liais-tu ?
se liait-il ?
nous liions-nous?
vous liiez-vous ?
se liaient-ils ?

PASSÉ DÉFINI.

me liai-je ?
te lias-tu ?
se lia-t-il ?

nous liâmes-nous?
vous liâtes-vous?
se lièrent-ils ?

PASSÉ INDÉFINI.

ai-je | me suis-je
as-tu | t' es-tu
a-t-il | s' est-il
avons-n. | sommes-n.
avez-vous | v. êtes-vous
ont-ils | se sont-ils

PASSÉ ANTÉRIEUR.

eus-je | me fus-je
eus-tu | te fus-tu
eut-il | se fut-il
eûmes-n. | n. fûmes-n.
eûtes-vous | v. fûtes-v.
eurent-ils | se furent-ils

PLUS-QUE-PARFAIT.

avais-je | m'étais-je
avais-tu | t' étais-tu
avait-il | s' était-il
avions-n. | n. étions-n.
aviez-v. | v. étiez-v.
avaient-ils | s' étaient-ils

FUTUR.

me lierai-je ?
te lieras-tu ?
se liera-t-il ?
nous lierons-n. ?
vous lierez-vous?
se lieront-ils ?

FUTUR ANTÉRIEUR.

aurai-je | me serai-je
auras-tu | te seras-tu
aura-t-il | se sera-t-il

aurons-n. | n. serons-n.
aurez-v. | v. serez-vous
auront-ils | se seront-ils

CONDITIONNEL.

PRÉSENT.

me lierais-je?
te lierais-tu?
se lierait-il ?
n. lierions-nous?
v. lieriez-vous?
se lieraient-ils?

PASSÉ.

aurais-je | me serais-je
aurais-tu | te serais-tu
aurait-il | se serait-il
aurions-n. | n. serions-n.
auriez-v. | v. seriez-v.
auraient-ils | se seraient-ils

On dit aussi :

eussé-je | me fussé-je
eusses-tu | te fusses-tu
eût-il | se fût-il
cussions-n. | n. fussions-n.
cussiez-v. | v. fussiez-v.
eussent-ils | se fussent-ils

VERBES A CONJUGUER.

1. Accusé-je ? a. — un homme de vol?
2. Aidé-je ? a. — un pauvre?
3. Appliqué-je ? a. — un emploi tre?
4. Apprêté-je ? a. — à dîner?
5. M'attribué-je ? la victoire?
6. M'y avisé-je ?
7. Cherché-je ? a. — querelle ? noise?
8. Me comparé-je ? à Boileau?
9. Compté-je ? a. — partir?
10. Me confié-je ? en la providence de Dieu?
11. Demeuré-je ? a, é. — en chemin ?
12. Resté-je ? a, é. — court ? en route?
13. Monté-je ? a. — à cheval ? é. — dans la chambre?
14. Dressé-je ? a. — un plan ?
15. M'empressé-je ? de répondre?
16. Entré-je ? é. — en conversation ?
17. Évité-je ? a. — les mauvaises compagnies?
18. Étudié-je ? a. — un discours ?
19. Me fié-je ? à tout le monde ?
20. Me forme-je ? sur de bons modèles ?
21. Abolis-je ? u. — cet usage?
22. M'affaiblis-je? en travaillant?
23. Fournis-je ? a. — une partie?
24. Me nourris-je? de pain ?
25. Conçois-je ? a. — la chose?
26. Perçois-je ? a. — les contributions?
27. M'aperçois-je? de l'erreur?
28. Attends-je ? a. — un meilleur sort?
29. Entends-je ? a. — du bruit?
30. Réponds-je ? a. — à cette lettre?

INDICATIF

PRÉSENT.
- ne lié-je pas?
- e liés-tu pas?
- e lie-t-il pas?
- lions-nous pas?
- liez-vous pas?
- e lient-ils pas?

IMPARFAIT.
- ne liais-je pas?
- e liais-tu pas?
- e liait-il pas?
- lions-nous pas?
- liez-vous pas?
- e liaient-ils pas?

PASSÉ DÉFINI.
- ne liai-je pas?
- s lias-tu pas?
- s lia-t-il pas?
- liâmes-nous pas?
- liâtes-vous pas?
- lièrent-ils pas?

PASSÉ INDÉFINI.

n'ai-je	ne me suis-je
n'as-tu	ne t' es-tu
n'a-t-il	ne s' est-il
n'avons-n.	ne n. sommes-nous
n'avez-v.	ne v. êtes-vous
n'ont-ils	ne se sont-ils

PASSÉ ANTÉRIEUR.

n'eus-je	ne me fus-je
n'eus-tu	ne te fus-tu
n'eut-il	ne se fut-il
n'eûmes-n.	ne n. fûmes-nous
n'eûtes-v.	ne v. fûtes-vous
n'eurent-ils	ne se furent-ils

PLUS-QUE-PARFAIT.

n'avais-je	ne m' étais-je
n'avais-tu	ne t' étais-tu
n'avait-il	ne s' était-il
n'avions-n.	ne n. étions-nous
n'aviez-v.	ne v. étiez-vous
n'avaient-ils	ne s' s'étaient-ils

FUTUR.
- ne me lierai-je pas?
- ne te lieras-tu pas?
- ne se liera-t-il pas?
- ne n. lierons-nous pas?
- ne v. lierez-vous pas?
- ne se lieront-ils pas?

FUTUR ANTÉRIEUR.

n'aurai-je	ne me serai-je
n'auras-tu	ne te seras-tu
n'aura-t-il	ne se sera-t-il
n'aurons-n.	ne n. serons-nous
n'aurez-v.	ne se seront-ils
n'auront-ils	

CONDITIONNEL

PRÉSENT.
- ne me lierais-je pas?
- ne te lierais-tu pas?
- ne se lierait-il pas?
- ne n. lierions-nous pas?
- ne v. lieriez-vous pas?
- ne se lieraient-ils pas?

PASSÉ.

n'aurais-je	ne me serais-je
n'aurais-tu	ne te serais-je
n'aurait-il	ne se serait-il
n'aurions-n.	ne n. serions-nous
n'auriez-v.	ne v. seriez-vous
n'auraient-ils	ne se seraient-ils

ON DIT AUSSI:

n'eussé-je	ne me fussé-je
n'eusses-tu	ne te fusses-tu
n'eût-il	ne se fût-il
n'eussions-n.	ne n. fussions-nous
n'eussiez-v.	ne v. fussiez-vous
n'eussent-ils	ne se fussent-ils

VERBES À CONJUGUER.

1. N'agrée-je pas? a. — un bon conseil?
2. N'ajouté-je pas? a. — une lettre à ce mot?
3. N'animé-je pas? a. — le soldat au combat?
4. Ne m'apprêté-je pas? — pour partir?
5. N'arrivé-je pas? é. — de bonne heure?
6. Ne m'en assuré-je pas? à temps?
7. Ne m'attribué-je pas? aussi des défauts?
8. Ne conjugué-je pas? a. — tous les verbes?
9. N'applaudis-je pas? a. — aux acteurs?
10. Ne grandis-je pas? a, é. — en peu de temps?
11. Ne grossis-je pas? a, é. — beaucoup depuis un an?
12. Ne reçois-je pas? a. — la récompense promise?
13. Ne perçois-je pas? a. — les contributions?
14. N'entends-je pas? a. — clair? dur? raillerie?
15. Est-ce que je ne me rends pas? à mon devoir?
16. Est-ce que je ne vends pas? a. — mon bien?
17. Est-ce que je ne fends pas? a. — ce bois vert?
18. Est-ce que je n'achète pas? a. — une belle fortune?
19. Est-ce que je n'appelle pas? a. — les choses par leurs noms?
20. Est-ce que je n'espère pas? a. — en la providence de Dieu?

OBSERVATIONS.

On voit par les tableaux qui précèdent que

Dans la forme *négative* les mots qui forment la négation entourent le verbe dans les temps simples, et l'auxiliaire dans les temps composés. Ex: *je ne lie pas; je n'ai pas lié.*

Dans la forme *interrogative*, l'infinitif, l'impératif et les temps du subjonctif ne s'emploient pas.

Les pronoms *sujets* se placent après le verbe dans les temps simples et après l'auxiliaire dans les temps composés, et qu'ils sont liés à l'un ou à l'autre par un trait d'union. Ex: *lié-je? ai-je lié?*

L'e muet final des verbes se change en é fermé quand il est suivi du pronom je. Ex: *lié-je?*

Quand le verbe est terminé par une voyelle et suivi de l'un des pronoms *il, elle, on*, on les fait précéder de la lettre euphonique *t* placée entre deux traits d'union. Ex: *lie-t-il? liera-t-elle? a-t-on?*

6° quand la 1re personne du présent de l'indicatif produit un son désagréable, ce qui arrive presque toujours lorsqu'elle n'est formée que d'une syllabe, comme *rends-je? vends-je?* il faut prendre un autre tour et dire: *est-ce que je rends? est-ce que je vends?* Il n'y a guère d'exceptions que *ai-je? suis-je? vais-je? dis-je? vois-je? fais-je? puis-je?*

Il faut encore remarquer

7° qu'il est particulier au verbe *avoir* et au verbe *être* d'exprimer, sous une forme qui a quelque rapport avec la forme interrogative, un conditionnel par *eussé-je? dussé-je?* Ex: *Eussé-JE tort, doit-il me traiter ainsi?* c'est-à-dire *quand j'aurais tort. Dussé-JE périr moi-même*, etc., c'est-à-dire *quand je devrais périr moi-même.*

TABLEAU SYNOPTIQUE, MÉTHODIQUE ET COMPARATIF DE LA C

RÈGLE. Pour conjuguer un verbe irrégulier { *dans les temps simples*, on ; *dans les temps composés*, on

TERMINAISONS C

NUMÉROS D'ORDRE.	INFINITIF PRÉSENT.	PASSÉ.	PART. PRÉS.	PART. PASSÉ			INDICATIF PRÉSENT.						IMPARFAIT	PASSÉ
							SINGULIER.			PLURIEL.			SING. 1re p. *ais,* 2e - *ais,* 3e - *ait,* PLUR. 1re - *ions,* 2e - *iez,* 3e - *aient.*	*ai,* *as,* *a;* *âmes,* *âtes,* *èrent.*
	er, *ir,* *oir,* *re.*		*ant.*	m. f. pl.			1re pers.	2e pers.	3e pers.	4e pers.	5e pers.	6e pers.		
							e, ai, s, s.	*s, s.*	*e, a, c, d, t.*	*s.*	*z, s.*	*nt.*		

CONJUGAISON

PREMIÈRE

| 1 | Aller. | é. | allant. | allé, e, s. | je vais ou je vas | tu vas, | il va; | n. allons, | v. allez, | ils vont. | j'allais, | j'allai |
| 2 | Envoyer. | a. | envoyant. | envoyé, e, s. | j'envoie, | tu envoies, | il envoie; | n. envoyons, | v. envoyez, | ils envoient. | j'envoyais, | j'envoya |

SECONDE

3	Acquérir.	a;	acquérant.	acquis, e, s.	j'acquiers,	tu acquiers,	il acquiert;	n. acquérons,	v. acquérez,	ils acquièrent.	j'acquérais,	j'acquis
4	Assaillir.	a.	assaillant.	assailli, e, s.	j'assaille,	tu assailles,	il assaille;	n. assaillons,	v. assaillez,	ils assaillent.	j'assaillais,	j'assailli
5	Bouillir.	a.	bouillant.	bouilli, e, s.	je bous,	tu bous,	il bout ;	n. bouillons,	v. bouillez,	ils bouillent.	je bouillais,	je bouilli
6	Courir.	a,é.	courant.	couru, e, s.	je cours,	tu cours,	il court;	n. courons,	v. courez,	ils courent.	je courais,	je couru
7	Cueillir.	a.	cueillant.	cueilli, e, s.	je cueille,	tu cueilles,	il cueille;	n. cueillons,	v. cueillez,	ils cueillent.	je cueillais,	je cueilli
8	Dormir.	a.	dormant.	dormi.	je dors,	tu dors,	il dort;	n. dormons,	v. dormez,	ils dorment.	je dormais,	je dormi
9	Faillir.	a.	faillant.	failli.	je faux,	tu faux,	il faut;	n. faillons,	v. faillez,	ils faillent.	je faillais,	je failli
10	Fuir.	a.	fuyant.	fui, e, s.	je fuis,	tu fuis,	il fuit;	n. fuyons,	v. fuyez,	ils fuient.	je fuyais,	je fuis,
11	Gésir ou Gît.		gisant.				il gît;	n. gisons,	v. gisez,	ils gisent.	je gisais,	
12	Mentir.	a.	mentant.	menti.	je mens,	tu mens,	il ment;	n. mentons,	v. mentez,	ils mentent.	je mentais,	je menti
13	Mourir.	a.	mourant.	mort, e, s.	je meurs,	tu meurs,	il meurt;	n. mourons,	v. mourez,	ils meurent.	je mourais,	je mour
14	Offrir.	a.	offrant.	offert, e, s.	j'offre,	tu offres,	il offre;	n. offrons,	v. offrez,	ils offrent.	j'offrais,	j'offri
15	Ouïr.	a.	oyant.	ouï, e, s.	j'ois,	tu ois,	il oit;	n. oyons,	v. oyez,	ils oient.	j'oyais,	j'ouïs,
16	Ouvrir.	a.	ouvrant.	ouvert, e, s.	j'ouvre,	tu ouvres,	il ouvre;	n. ouvrons,	v. ouvrez,	ils ouvrent.	j'ouvrais,	j'ouvri
17	Partir.	a,é.	partant.	parti, e, s.	je pars,	tu pars,	il part;	n. partons,	v. partez,	ils partent.	je partais,	je parti
18	Saillir.	a.	saillant.	sailli.			il saille;			ils saillent.	il saillait,	il sailli
19	Sentir.	a.	sentant.	senti, e, s.	je sens,	tu sens,	il sent;	n. sentons,	v. sentez,	ils sentent.	je sentais,	je sentis
20	Servir.	a.	servant.	servi, e, s.	je sers,	tu sers,	il sert;	n. servons,	v. servez,	ils servent.	je servais,	je servi
21	Sortir.	a,é.	sortant.	sorti, e, s.	je sors,	tu sors,	il sort;	n. sortons,	v. sortez,	ils sortent.	je sortais,	je sorti
22	Tenir.	a.	tenant.	tenu, e, s.	je tiens,	tu tiens,	il tient;	n. tenons,	v. tenez,	ils tiennent.	je tenais,	je tins,
23	Venir.	é.	venant.	venu, e, s.	je viens,	tu viens,	il vient;	n. venons,	v. venez,	ils viennent.	je venais,	je vins,
24	Vêtir.	a.	vêtant.	vêtu, e, s.	je vêts,	tu vêts,	il vêt;	n. vêtons,	v. vêtez,	ils vêtent.	je vêtais,	je vêtis

TROISIÈME

25	Asseoir.	a.	asseyant.	assis, e, s.	j'assieds,	tu assieds,	il assied;	n. asseyons,	v. asseyez,	ils asseyent.	j'asseyais,	j'assis,
26	Avoir.	a.	ayant.	eu, e, s.	j'ai,	tu as,	il a;	n. avons,	v. avez,	ils ont.	j'avais,	j'eus,
27	Déchoir.	a,b.	déchéant.	déchu, e, s.	je déchois,	tu déchois,	il déchoit;	n. déchoyons,	v. déchoyez,	ils déchoient.		je déchu
28	Échoir.	a,é.	échéant.	échu, e, s.	j'échois,	tu échois,	il échoit, échet;	n. échoyons,	v. échoyez,	ils échoient.		j'échus,
29	Falloir. *Imp.*	a.		fallu.			il faut.				il fallait.	il fallut.
30	Mouvoir.	a.	mouvant.	mû, mue, s.	je meus,	tu meus,	il meut;	n. mouvons,	v. mouvez,	ils meuvent.	je mouvais,	je mus,
31	Pleuvoir. *Imp.*	a.	pleuvant.	plu.			il pleut;				il pleuvait.	il plut.
32	Pourvoir.	a.	pourvoyant.	pourvu, e, s.	je pourvois,	tu pourvois,	il pourvoit;	n. pourvoyons,	v. pourvoyez,	ils pourvoient.	je pourvoyais,	je pourvus
33	Pouvoir.	a.	pouvant.	pu.	je puis ou je peux,	tu peux,	il peut;	n. pouvons,	v. pouvez,	ils peuvent.	je pouvais,	je pus,
34	Prévaloir.	a.	prévalant.	prévalu, e, s.	je prévaux,	tu prévaux,	il prévaut;	n. prévalons,	v. prévalez,	ils prévalent.	je prévalais,	je préval
35	Prévoir.	a.	prévoyant.	prévu, e, s.	je prévois,	tu prévois,	il prévoit;	n. prévoyons,	v. prévoyez,	ils prévoient.	je prévoyais,	je prévis
36	Savoir.	a.	sachant.	su, e, s.	je sais,	tu sais,	il sait;	n. savons,	v. savez,	ils savent.	je savais,	je sus,
37	Seoir.		seyant.				il sied;			ils siéent.	il séyait, séait,	
38	Surseoir.	a.	sursoyant.	sursis, e, s.	je sursois,	tu sursois,	il sursoit;	n. sursoyons,	v. sursoyez,	ils sursoient.	je sursoyais,	je sursis
39	Valoir.	a.	valant.	valu, e, s.	je vaux,	tu vaux,	il vaut;	n. valons,	v. valez,	ils valent.	je valais,	je valus,
40	Voir.	a.	voyant.	vu, e, s.	je vois,	tu vois,	il voit;	n. voyons,	v. voyez,	ils voient.	je voyais,	je vis,
41	Vouloir.	a.	voulant.	voulu, e, s.	je veux,	tu veux,	il veut;	n. voulons,	v. voulez,	ils veulent.	je voulais,	je voulus

VERBES

Observations. — 1° Ces verbes se conjuguent comme *leurs simples* ci-dessus dont ils portent les nu

1re CONJUGAISON.

2. Renvoyer, *a.*

2me CONJUGAISON.

5. Conquérir, *a;* s'enquérir; reconquérir, *a;* requérir, *a.*
4. Tressaillir, *a* (V).
5. Débouillir, *a;* ébouillir, *a;*
rebouillir, *a.*
6. Accourir, *a, é;* concourir, *a;*
discourir, *a;* encourir, *a;*
s'entre-secourir (V); parcourir, *a;* recourir, *a;* secourir, *a.*
7. Accueillir, *a;* recueillir, *a.*
8. Endormir, *a;* rendormir, *a;*
désendormir, *a.*
9. Défaillir, *a* (V); refaillir, *a.*
10. S'enfuir, refuir, *a.*
11. Démentir, *a.*
12. Dormir, *a.*
14. Mésoffrir, *a* (V); souffrir, *a.*
15. Entr'ouïr, *a* (V).
16. Couvrir, *a;* découvrir, *a;* cn-
tr'ouvrir, *a;* récouvrir, *a;*
rouvrir, *a.*
17. Départir, *a;* repartir, *a.*
19. Consentir, *a;* pressentir, *a;*
se repentir; ressentir, *a.*
20. Desservir, *a.*

...dical les *terminaisons communes à tous les verbes* indiquées ci-dessous pour chaque temps.
...rticipe passé à l'auxiliaire *avoir* ou à l'auxiliaire *être*, suivant qu'il prend l'un ou l'autre.

...NES A TOUS LES VERBES.

PLUS-Q-P.	FUTUR.	FUTUR ANT.	CONDITIONNEL.	PASSÉ.	On délibasse:	IMPÉRATIF.			SUBJONCTIF PRÉSENT.					IMPARFAIT.	PASSÉ.	PLUS-Q-P.
						SINGULIER.	PLURIEL.		SINGULIER.	PLURIEL.				SING.		
	rai,		*rais,*			2e pers.	1re pers.	2e pers.	1re p. e.	1re pers.	2e pers.	3e pers.		1er p. sse,		que
	ras,		*rais,*											2e — sses,		que
	ra,		*rait;*											3e — t.		que
	rons,		*rions,*			e, a, a, i.	s.	z, s.	3e — e;	ions,	iez,	ent.		1re — ssions		que n. e-dass-p
	rez,		*riez,*											2e — ssiez,		
	ront.		*raient.*											3e — ssent.		

Excepté les verbes *Avoir* et *Être*.

...BES IRRÉGULIERS SIMPLES.

...JUGAISON.

								que	que	que	qu'	que
	J'irai,		J'irais,		va;	allons,	allez.	j'aille,	n. allions,	v. alliez,	ils aillent.	j'allasse,
	J'enverrai,		J'enverrais,		envoie;	envoyons,	envoyez.	j'envoie,	n. envoyions,	v. envoyiez,	ils envoient.	j'envoyasse,

...JUGAISON.

							que	que	que	qu'	que
J'acquerrai,	J'acquerrais,	acquiers,	acquérons,	acquérez.	j'acquière,	n. acquérions,	v. acquériez,	ils acquièrent.	J'acquisse,
j'assaillirai,	j'assaillirais,	assaille,	assaillons,	assaillez.	j'assaille,	n. assaillions,	v. assailliez,	ils assaillent.	j'assaillisse,
je bouillirai,	je bouillirais,	bous;	bouillons,	bouillez.	je bouille,	n. bouillions,	v. bouilliez,	ils bouillent.	je bouillisse,
je courrai,	je courrais,	cours;	courons,	courez.	je coure,	n. courions,	v. couriez,	ils courent.	je courusse,
je cueillerai,	je cueillerais,	cueille;	cueillons,	cueillez.	je cueille,	n. cueillions,	v. cueilliez,	ils cueillent.	je cueillisse,
je dormirai,	je dormirais,	dors;	dormons,	dormez.	je dorme,	n. dormions,	v. dormiez,	ils dorment.	je dormisse,
je faillirai,	je faillirais,	faux;	faillons,	faillez.	je faille,	n. faillions,	v. failliez,	ils faillent.	je faillisse,
je fuirai,	je fuirais,	fuis;	fuyons,	fuyez.	je fuie,	n. fuyions,	v. fuyiez,	ils fuient.	je fuisse,
je mentirai,	je mentirais,	mens;	mentons,	mentez.	je mente,	n. mentions,	v. mentiez,	ils mentent.	je mentisse,
je mourrai,	je mourrais,	meurs;	mourons,	mourez.	je meure,	n. mourions,	v. mouriez,	ils meurent.	je mourusse,
j'offrirai,	j'offrirais,	offre;	offrons,	offrez.	j'offre,	n. offrions,	v. offriez,	ils offrent.	j'offrisse,
j'ouvrirai,	j'ouvrirais,	ois;	oyons,	oyez.	j'ouvre,	n. ouvrions,	v. ouvriez,	ils ouvrent.	j'ouvrisse,
je partirai,	je partirais,	ouvre;	ouvrons,	ouvrez.	je parte,	n. partions,	v. partiez,	ils partent.	je partisse,
il saillera,	il saillerait,	pars;	partons,	partez.				ils saillent.	il saillit,
je sentirai,	je sentirais,	sens;	sentons,	sentez.	je sente,	n. sentions,	v. sentiez,	ils sentent.	je sentisse,
je servirai,	je servirais,	sers;	servons,	servez.	je serve,	n. servions,	v. serviez,	ils servent.	je servisse,
je sortirai,	je sortirais,	sors;	sortons,	sortez.	je sorte,	n. sortions,	v. sortiez,	ils sortent.	je sortisse,
je tiendrai,	je tiendrais,	tiens;	tenons,	tenez.	je tienne,	n. tenions,	v. teniez,	ils tiennent.	je tinsse,
je viendrai,	je viendrais,	viens;	venons,	venez.	je vienne,	n. venions,	v. veniez,	ils viennent.	je vinsse,
je vêtirai,	je vêtirais,	vêts;	vêtons,	vêtez.	je vête,	n. vêtions,	v. vêtiez,	ils vêtent.	je vêtisse,

...JUGAISON.

							que	que	que	qu'	que
J'assiérai,	J'assiérais,	assieds;	asseyons,	asseyez.	j'asseye,	n. asseyions,	v. asseyiez,	ils asseyent.	J'assisse,
j'aurai,	j'aurais,	aie;	ayons,	ayez.	j'aie, es, t,	n. ayons,	v. ayez,	ils aient.	j'eusse,
je décherrai,	je décherrais,	déchois;	déchoyons,	déchoyez.	je déchoie,	n. déchoyions,	v. déchoyiez,	ils déchoient.	je déchusse,
j'écherrai,	j'écherrais,	échois;	échoyons,	échoyez.	j'échoie,	n. échoyions,	v. échoyiez,	ils échoient.	j'échusse,
il faudra,	il faudrait,				il faille,				il fallût.
je mourrai,	je mourrais,	meus;	mouvons,	mouvez.	je meuve,	n. mouvions,	v. mouviez,	ils meuvent.	je musse,
il pleuvra,	il pleuvrait,				il pleuve,				il plût.
je pourvoirai,	je pourvoirais,	pourvois;	pourvoyons,	pourvoyez.	je pourvoie,	n. pourvoyions,	v. pourvoyiez,	ils pourvoient.	je pourvusse,
je pourrai,	je pourrais,				je puisse,	n. puissions,	v. puissiez,	ils puissent.	je pusse,
je prévaudrai,	je prévaudrais,	prévaux;	prévalons,	prévalez.	je prévale,	n. prévalions,	v. prévaliez,	ils prévalent.	je prévalusse,
je prévoirai,	je prévoirais,	prévois;	prévoyons,	prévoyez.	je prévoie,	n. prévoyions,	v. prévoyiez,	ils prévoient.	je prévisse,
je saurai,	je saurais,	sache;	sachons,	sachez.	je sache,	n. sachions,	v. sachiez,	ils sachent.	je susse,
il siéra, ront.	il siérait, raient.				il siée,			ils siéent.	
je surseoirai,	je surseoirais,	sursois;	sursoyons,	sursoyez.	je sursoie,	n. sursoyions,	v. sursoyiez,	ils sursoient.	je sursisse,
je vaudrai,	je vaudrais,	vaux;	valons,	valez.	je vaille,	n. valions,	v. valiez,	ils vaillent.	je valusse,
je verrai,	je verrais,	vois;	voyons,	voyez.	je voie,	n. voyions,	v. voyiez,	ils voient.	je visse,
je voudrai,	je voudrais,	veux;	voulons,	voulez.	je veuille,	n. voulions,	v. vouliez,	ils veuillent.	je voulusse,

...IERS COMPOSÉS.

...re : — la lettre (V) entre parenthèse signifie : *Voyez ce verbe dans la* TABLE ALPHABÉTIQUE, page 14 ou 15.

...sortir, *é* (V).	25. Advenir ou Avenir, *é*, (V);	nir, *a*; redevenir, *é*; se res-	3me CONJUGAISON.
...bstenir ; appartenir, *a*;	circonvenir, *a*; convenir,	souvenir, revenir, *é*; se	32. Dépourvoir, *a* (V).
...contre-tenir, *a*; contenir,	*a*, *é*; déprévenir, *a*; déve-	souvenir, subvenir, *a*; sur-	36. Équivaloir, *a*; revaloir, *a*.
a; détenir, *n*; entretenir,	nir, *é*; disconvenir, *é*; in-	venir, *é*.	40. Entrevoir, *a*; revoir, *a*.
a; maintenir, *a*; obtenir,	tervenir, *é*; mésavenir, *é*;	24. Dévêtir, *a*; revêtir; sur-	41. Revouloir, *a*.
a; retenir, *a*; soutenir, *a*.	(V); parvenir, *é*; reconve-	vêtir, *a*.	
		30. Émouvoir, *a*; promouvoir, *a*	
		(V); remouvoir, *a* (V).	
		31. Repleuvoir, *a* (Imp.)	

RÈGLE. Pour conjuguer un verbe irrégulier { dans les temps simples, on... / dans les temps composés, on...

TERMINAISONS

NUMÉROS D'ORDRE	INFINITIF PRÉSENT (er, ir, oir, re)	PASSÉ (avoir, être)	PART. PRÉS. (ant)	PART. PAS. (M. F. PL.)	INDICATIF PRÉSENT — 1re pers.	2e pers.	3e pers.	1re pers. (pl.)	2e pers. (pl.)	3e pers. (pl.)	IMPARFAIT
				é, i, u, s, t; e, s; és, ...	e, ai, x, s.	x, s.	e, a, c, d, t.	s.	z, s.	nt.	je p.ais, 2e -ais, 3e -ait; ils -ions, -iez, -aient.
42	Absoudre.	a.	absolvant.	absout, e, s.	j'absous,	tu absous,	il absout;	n. absolvons,	v. absolvez,	ils absolvent.	j'absolvais,
43	Aveindre.	a.	aveignant.	aveint, e, s.	j'aveins,	tu aveins,	il aveint;	n. aveignons,	v. aveignez,	ils aveignent.	j'aveignais,
44	Battre.	a.	battant.	battu, e, s.	je bats,	tu bats,	il bat;	n. battons,	v. battez,	ils battent.	je battais,
45	Boire.	a.	buvant.	bu, e, s.	je bois,	tu bois,	il boit;	n. buvons,	v. buvez,	ils boivent.	je buvais,
46	Ceindre.	a.	ceignant.	ceint, e, s.	je ceins,	tu ceins,	il ceint;	n. ceignons,	v. ceignez,	ils ceignent.	je ceignais,
47	Circoncire.	a.	circoncisant.	circoncis, e, s.	je circoncis,	tu circoncis,	il circoncit;	n. circoncisons,	v. circoncisez,	ils circoncisent.	je circoncisais,
48	Clore ou Clorre	a.									
49	Conclure.	a.	concluant.	conclu, e, s.	je conclus,	tu conclus,	il conclut;	n. concluons,	v. concluez,	ils concluent.	je concluais,
50	Conduire.	a.	conduisant.	conduit, e, s.	je conduis,	tu conduis,	il conduit;	n. conduisons,	v. conduisez,	ils conduisent.	je conduisais,
51	Confire.	a.	confisant.	confit, e, s.	je confis,	tu confis,	il confit;	n. confisons,	v. confisez,	ils confisent.	je confisais,
52	Connaître.	a.	connaissant.	connu, e, s.	je connais,	tu connais,	il connaît;	n. connaissons,	v. connaissez,	ils connaissent.	je connaissais,
53	Coudre.	a.	cousant.	cousu, e, s.	je couds,	tu couds,	il coud;	n. cousons,	v. cousez,	ils cousent.	je cousais,
54	Craindre.	a.	craignant.	craint, e, s.	je crains,	tu crains,	il craint;	n. craignons,	v. craignez,	ils craignent.	je craignais,
55	Croire.	a.	croyant.	cru, e, s.	je crois,	tu crois,	il croit;	n. croyons,	v. croyez,	ils croient.	je croyais,
56	Croître.	a,é.	croissant.	crû, e, s.	je croîs,	tu croîs,	il croît;	n. croissons,	v. croissez,	ils croissent.	je croissais,
57	Cuire.	a.	cuisant.	cuit, e, s.	je cuis,	tu cuis,	il cuit;	n. cuisons,	v. cuisez,	ils cuisent.	je cuisais,
58	Dédire.	a.	dédisant.	dédit, e, s.	je dédis,	tu dédis,	il dédit;	n. dédisons,	v. dédisez,	ils dédisent.	je dédisais,
59	Détruire.	a.	détruisant.	détruit, e, s.	je détruis,	tu détruis,	il détruit;	n. détruisons,	v. détruisez,	ils détruisent.	je détruisais,
60	Dire.	a.	disant.	dit, e, s.	je dis,	tu dis,	il dit;	n. disons,	v. dites,	ils disent.	je disais,
61	Éclore.	é.		éclos, e, s.			il éclôt;			ils éclosent.	
62	Écrire.	a.	écrivant.	écrit, e, s.	j'écris,	tu écris,	il écrit;	n. écrivons,	v. écrivez,	ils écrivent.	j'écrivais,
63	Être.	a.	étant.	été.	je suis,	tu es,	il est;	n. sommes,	v. êtes,	ils sont.	j'étais,
64	Faire.	a.	faisant.	fait, e, s.	je fais,	tu fais,	il fait;	n. faisons,	v. faites,	ils font.	je faisais,
65	Feindre.	a.	feignant.	feint, e, s.	je feins,	tu feins,	il feint;	n. feignons,	v. feignez,	ils feignent.	je feignais,
66	Frire.	a.		frit, e, s.	je fris,	tu fris,	il frit.				
67	Geindre.	a.	geignant.	geint, e, s.	je geins,	tu geins,	il geint;	n. geignons,	v. geignez,	ils geignent.	je geignais,
68	Joindre.	a.	joignant.	joint, e, s.	je joins,	tu joins,	il joint;	n. joignons,	v. joignez,	ils joignent.	je joignais,
69	Lire.	a.	lisant.	lu, e, s.	je lis,	tu lis,	il lit;	n. lisons,	v. lisez,	ils lisent.	je lisais,
70	Luire.	a.	luisant.	lui.	je luis,	tu luis,	il luit;	n. luisons,	v. luisez,	ils luisent.	je luisais,
71	Maudire.	a.	maudissant.	maudit, e, s.	je maudis,	tu maudis,	il maudit;	n. maudissons,	v. maudissez,	ils maudissent.	je maudissais,
72	Mettre.	a.	mettant.	mis, e, s.	je mets,	tu mets,	il met;	n. mettons,	v. mettez,	ils mettent.	je mettais,
73	Moudre.	a.	moulant.	moulu, e, s.	je mouds,	tu mouds,	il moud;	n. moulons,	v. moulez,	ils moulent.	je moulais,
74	Naître.	é.	naissant.	né, s.	je nais,	tu nais,	il naît;	n. naissons,	v. naissez,	ils naissent.	je naissais,
75	Nuire.	a.	nuisant.	nui.	je nuis,	tu nuis,	il nuit;	n. nuisons,	v. nuisez,	ils nuisent.	je nuisais,
76	Oindre.	a.	oignant.	oint, e, s.	j'oins,	tu oins,	il oint;	n. oignons,	v. oignez,	ils oignent.	j'oignais,
77	Paître.	a.	paissant.	pu.	je pais,	tu pais,	il paît;	n. paissons,	v. paissez,	ils paissent.	je paissais,
78	Paraître.	a.	paraissant.	paru.	je parais,	tu parais,	il paraît;	n. paraissons,	v. paraissez,	ils paraissent.	je paraissais,
79	Peindre.	a.	peignant.	peint, e, s.	je peins,	tu peins,	il peint;	n. peignons,	v. peignez,	ils peignent.	je peignais,
80	Plaindre.	a.	plaignant.	plaint, e, s.	je plains,	tu plains,	il plaint;	n. plaignons,	v. plaignez,	ils plaignent.	je plaignais,
81	Plaire.	a.	plaisant.	plu.	je plais,	tu plais,	il plaît;	n. plaisons,	v. plaisez,	ils plaisent.	je plaisais,
82	Prendre.	a.	prenant.	pris, e, s.	je prends,	tu prends,	il prend;	n. prenons,	v. prenez,	ils prennent.	je prenais,
83	Raire.	a.					il rait;			ils raient.	
84	Résoudre.	a.	résolvant.	résolu, e, s.	je résous,	tu résous,	il résout;	n. résolvons,	v. résolvez,	ils résolvent.	je résolvais,
85	Rire.	a.	riant.	ri.	je ris,	tu ris,	il rit;	n. rions,	v. riez,	ils rient.	je riais,
86	Suffire.	a.	suffisant.	suffi.	je suffis,	tu suffis,	il suffit;	n. suffisons,	v. suffisez,	ils suffisent.	je suffisais,
87	Suivre.	a.	suivant.	suivi, e, s.	je suis,	tu suis,	il suit;	n. suivons,	v. suivez,	ils suivent.	je suivais,
88	Taire.	a.	taisant.	tu, e, s.	je tais,	tu tais,	il tait;	n. taisons,	v. taisez,	ils taisent.	je taisais,
89	Teindre.	a.	teignant.	teint, e, s.	je teins,	tu teins,	il teint;	n. teignons,	v. teignez,	ils teignent.	je teignais,
90	Traire.	a.	trayant.	trait, e, s.	je trais,	tu trais,	il trait;	n. trayons,	v. trayez,	ils traient.	je trayais,
91	Vaincre.	a.	vainquant.	vaincu, e, s.	je vaincs,	tu vaincs,	il vainc;	n. vainquons,	v. vainquez,	ils vainquent.	je vainquais,
92	Vivre.	a.	vivant.	vécu, e, s.	je vis,	tu vis,	il vit;	n. vivons,	v. vivez,	ils vivent.	je vivais,

Observations. — 1° Ces verbes se conjuguent comme *leurs simples* ci-dessus dont ils portent les...

4me CONJUGAISON:

42. Dissoudre, a.
44. Abattre, a; combattre, a; débattre, a; s'ébattre; embattre, a (V); rabattre, a; rebattre, a; redébattre, a;
45. S'emboire (V); reboire, a.
46. Enceindre, a.

48. Déclore, a; enclore, a.
49. Exclure, a.
50. Déduire, a; éconduire, a; produire, a; réduire, a; enduire, a; introduire, a; rendoire, a; reproduire, a; séduire, a; traduire, a.
51. Déconfire, a.
52. Méconnaître, a; reconnaître, a.

53. Découdre, a; redécoudre, a; recoudre, a.
54. Contraindre, a; astreindre, a; comprendre, a; enfreindre, a; épreindre, a; restreindre, a.
56. Accroître, a, é; décroître, a, é; recroître, a, é; redécroître, a, é; surcroître, a,

é (V). 57. Décrire, a; récrire, a.
58. Contredire, a; interdire, a; médire, a; prédire, a.
59. Construire, a; s'entre-détruire (V); instruire, a; reconstruire, a.
60. Redire, a.
62. Décrire, a; inscrire, a; pres-

crire, a; proscrire, a; circonscrire, a; souscrire, a.
64. Contrefaire, a; (V); forfaire, a (V); parfaire, a (V); refaire, a; satisfaire, a; surfaire, a.
66. Refrire, a (V).

n radical les *terminaisons communes à tous les verbes* indiquées ci-dessous pour chaque temps.
n participe passé à l'auxiliaire *avoir* ou à l'auxiliaire *être*, suivant qu'il prend l'un ou l'autre.

MUNES A TOUS LES VERBES.

P. ANTÉR.	PLUS-Q-P.	FUTUR.	CONDITIONNEL.	FUTUR ANT.	PASSÉ.	On dit aussi.	IMPÉRATIF. SINGULIER. 2e pers.	PLURIEL. 1re pers.	2e pers.	SUBJONCTIF, PRÉSENT. SINGULIER. 1re p. é.	1re pers.	PLURIEL. 2e pers.	3e pers.	IMPARFAIT. SING.	PLUR.	PLUS-Q-P. PASSÉ.
		rai,	rais,								que	que	qu'	1re p. sse,	1re — ssions	
		ras,	rais,	j'aurai	j'eusse		e, a, x, s,	s,	x, s.	2e — es,				2e — sses,	2e — ssiez,	
		ra,	rait ;							3e — e ;	ions,	iez,	ent.	3e — (t ;	3e — ssent.	
		rons,	rions,													
		rez,	riez,													
		ront.	raient.													

Excepté les verbes *Avoir* et *Être*.

ERBES IRRÉGULIERS SIMPLES
ONJUGAISON.

FUTUR	CONDITIONNEL	IMPÉRATIF SING.	IMPÉRATIF PLUR. 1re	IMPÉRATIF PLUR. 2e	SUBJ. je	n.	v.	ils	IMPARFAIT
j'absoudrai,	j'absoudrais,	absous ;	absolvons,	absolvez,	j'absolve,	n. absolvions,	v. absolviez,	ils absolvent,	
j'aveindrai,	j'aveindrais,	aveins ;	aveignons,	aveignez.	j'aveigne,	n. aveignions,	v. aveigniez,	ils aveignent,	j'aveignisse,
je battrai,	je battrais,	bats ;	battons,	battez.	je batte,	n. battions,	v. battiez,	ils battent.	je battisse,
je boirai,	je boirais,	bois ;	buvons,	buvez.	je boive,	n. buvions,	v. buviez,	ils boivent.	je busse,
je ceindrai,	je ceindrais,	ceins ;	ceignons,	ceignez.	je ceigne,	n. ceignions,	v. ceigniez,	ils ceignent.	je ceignisse,
je circoncirai,	je circoncirais,	circoncis ;	circoncisons,	circoncisez	je circoncise,	n. circoncisions,	v. circoncisiez,	ils circoncisent.	je circoncisse,
je clorai,	je clorais,								
je conclurai,	je conclurais,	conclus ;	concluons,	concluez.	je conclue,	n. conclusions,	v. concluiez,	ils concluent.	je conclusse,
je conduirai,	je conduirais,	conduis ;	conduisons,	conduisez.	je conduise,	n. conduisions,	v. conduisiez,	ils conduisent.	je conduisisse,
je confirai,	je confirais,	confis ;	confisons,	confisez.	je confise,	n. confisions,	v. confisiez,	ils confisent.	je confisse,
je connaîtrai,	je connaîtrais,	connais ;	connaissons,	connaissez.	je connaisse,	n. connaissions,	v. connaissiez,	ils connaissent.	je connusse,
je coudrai,	je coudrais,	couds ;	cousons,	cousez.	je couse,	n. cousions,	v. cousiez,	ils cousent.	je cousisse,
je craindrai,	je craindrais,	crains ;	craignons,	craignez.	je craigne,	n. craignions,	v. craigniez,	ils craignent.	je craignisse,
je croirai,	je croirais,	crois ;	croyons,	croyez.	je croie,	n. croyions,	v. croyiez,	ils croient.	je crusse,
je croîtrai,	je croîtrais,	croîs ;	croissons,	croissez.	je croisse,	n. croissions,	v. croissiez,	ils croissent.	je crusse,
je cuirai,	je cuirais,	cuis ;	cuisons,	cuisez.	je cuise,	n. cuisions,	v. cuisiez,	ils cuisent.	je cuisisse,
je dédirai,	je dédirais,	dédis ;	dédisons,	dédisez.	je dédise,	n. dédisions,	v. dédisiez,	ils dédisent.	je dédisse,
je détruirai,	je détruirais,	détruis ;	détruisons,	détruisez.	je détruise,	n. détruisions,	v. détruisiez,	ils détruisent.	je détruisisse,
je dirai,	je dirais,	dis ;	disons,	dites.	je dise,	n. disions,	v. disiez,	ils disent.	je disse,
il éclora, ront.					il éclose,			ils éclosent.	
j'écrirai,	j'écrirais,	écris ;	écrivons,	écrivez.	j'écrive,	n. écrivions,	v. écriviez,	ils écrivent.	j'écrivisse,
je serai,	je serais,	sois ;	soyons,	soyez.	je sois, s, t;	n. soyez,	v. soyez,	ils soient.	je fusse,
je ferai,	je ferais,	fais ;	faisons,	faites.	je fasse,	n. fassions,	v. fassiez,	ils fassent.	je fisse,
je feindrai,	je feindrais,	feins ;	feignons,	feignez.	je feigne,	n. feignions,	v. feigniez,	ils feignent.	je feignisse,
je frirai,	je frirais,	fris.							
je geindrai,	je geindrais,	geins ;	geignons,	geignez.	je geigne,	n. geignions,	v. geigniez,	ils geignent.	je geignisse,
je joindrai,	je joindrais,	joins ;	joignons,	joignez.	je joigne,	n. joignions,	v. joigniez,	ils joignent.	je joignisse,
je lirai,	je lirais,	lis ;	lisons,	lisez.	je lise,	n. lisions,	v. lisiez,	ils lisent.	je lusse,
je luirai,	je luirais,	luis ;	luisons,	luisez.	je luise,	n. luisions,	v. luisiez,	ils luisent.	
je maudirai,	je maudirais,	maudis ;	maudissons,	maudissez.	je maudisse,	n. maudissions,	v. maudissiez,	ils maudissent.	je maudisse,
je mettrai,	je mettrais,	mets ;	mettons,	mettez.	je mette,	n. mettions,	v. mettiez,	ils mettent.	je misse,
je moudrai,	je moudrais,	mouds ;	moulons,	moulez.	je moule,	n. moulions,	v. mouliez,	ils moulent.	je moulusse,
je naîtrai,	je naîtrais,	nais ;	naissons,	naissez.	je naisse,	n. naissions,	v. naissiez,	ils naissent.	je naquisse,
je nuirai,	je nuirais,	nuis ;	nuisons,	nuisez.	je nuise,	n. nuisions,	v. nuisiez,	ils nuisent.	je nuisisse,
j'oindrai,	j'oindrais,	oins ;	oignons,	oignez.	j'oigne,	n. oignions,	v. oigniez,	ils oignent.	
je paîtrai,	je paîtrais,	pais ;	paissons,	paissez.	je paisse,	n. paissions,	v. paissiez,	ils paissent.	
je paraîtrai,	je paraîtrais,	parais ;	paraissons,	paraissez.	je paraisse,	n. paraissions,	v. paraissiez,	ils paraissent.	je parusse,
je peindrai,	je peindrais,	peins ;	peignons,	peignez.	je peigne,	n. peignions,	v. peigniez,	ils peignent.	je peignisse,
je plaindrai,	je plaindrais,	plains ;	plaignons,	plaignez.	je plaigne,	n. plaignions,	v. plaigniez,	ils plaignent.	je plaignisse,
je plairai,	je plairais,	plais ;	plaisons,	plaisez.	je plaise,	n. plaisions,	v. plaisiez,	ils plaisent.	je plusse,
je prendrai,	je prendrais,	prends ;	prenons,	prenez.	je prenne,	n. prenions,	v. preniez,	ils prennent.	je prisse,
il raira, ront.	il rairait, ront.							ils raient.	
je résoudrai,	je résoudrais,	résous ;	résolvons,	résolvez.	je résolve,	n. résolvions,	v. résolviez,	ils résolvent.	je résolusse,
je rirai,	je rirais,	ris ;	rions,	riez.	je rie,	n. riions,	v. riiez,	ils rient.	je risse,
je suffirai,	je suffirais,	suffis ;	suffisons,	suffisez.	je suffise,	n. suffisions,	v. suffisiez,	ils suffisent.	je suffisse,
je suivrai,	je suivrais,	suis ;	suivons,	suivez.	je suive,	n. suivions,	v. suiviez,	ils suivent.	je suivisse,
je tairai,	je tairais,	tais ;	taisons,	taisez.	je taise,	n. taisions,	v. taisiez,	ils taisent.	je tusse,
je teindrai,	je teindrais,	teins ;	teignons,	teignez.	je teigne,	n. teignions,	v. teigniez,	ils teignent.	je teignisse,
je vaincrai,	je vaincrais,	vaincs ;	vainquons,	vainquez.	je vainque,	n. vainquions,	v. vainquiez,	ils vainquent.	je vainquisse,
je vivrai,	je vivrais,	vis ;	vivons,	vivez.	je vive,	n. vivions,	v. viviez,	ils vivent.	je vécusse,

ULIERS COMPOSÉS.

ordre ; — la lettre (V) entre parenthèse signifie : *Voyez ce verbe dans la* TABLE ALPHABÉTIQUE.

Adjoindre, a ; conjoindre, a ; déjoindre, a ; disjoindre, a ; enjoindre, a ; rejoindre, a.
Être, a ; prédire, a (V) ; rédire, a ; relire, a.
Entre-luire, a. (V) ; reluire, a.
Admettre, a ; commettre, a ; compromettre, a ; démet...

...tre, a ; émettre, a ; s'entre-mettre ; omettre, a ; permettre, a ; promettre, a ; réadmettre, a ; remettre, a ; repromettre, a ; soumettre, a.
75. Émoudre, a ; remoudre, a ; rémoudre, a.
74. Renaître (V) ;

75. S'entre-nuire (V).
77. Forpaître (V) ; repaître, a (V).
78. Apparaître, a, é ; comparaître, a, é ; disparaître, a, é ; reparaître, a.
79. Dépeindre, a ; repeindre, a.
84. Complaire, a (V) ; déplaire, a (V).

82. Apprendre, a ; comprendre, a ; déprendre, a ; désapprendre, a ; entreprendre, a ; s'éprendre ; se méprendre ; rapprendre, a ; reprendre, a ; surprendre, a.
85. Sourire, a.
87. S'ensuivre (V) ; s'entre-suivre (V) ; poursuivre, a.

89. Atteindre, a ; déteindre, a ; éteindre, a ; ratteindre, a ; reteindre, a ; réteindre, a.
90. Abstraire, a (V) ; distraire, a ; extraire, a ; rentraire, a ; soustraire, a.
94. Convaincre, a.
92. Revivre, a ; survivre, a.

Observations.—1° Tout verbe qui ne se trouve pas dans la présente table est *régulier*, et se conjugue sur le TABLEAU de la page n° d'ordre;—3° Les verbes qui sont accompagnés d'une *astérisque* (') ne s'emploient qu'au présent de l'infinitif;—4° avec l'auxiliaire *être* dans les temps composés.

A.

44. Abattre. a.
42. Absoudre. a.
22. Abstenir (s'). a.
90. Abstraire est principalement usité aux temps composés. Dans les temps simples on dit *faire abstraction.* a.
6. Accourir. a, é.
Accroire ne s'emploie qu'à l'infinitif et précédé du verbe *faire*. a.
58. Accroître. a, é.
7. Accueillir. a.
5. Acquérir. a.
68. Adjoindre. a.
72. Admettre. a.
25. Advenir ou Avenir n'est employé qu'aux 3mes personnes et est peu usité. é.
1. Aller.—L'impératif *va* prend une *s* devant les pronoms *en, y.* Ex : *cas-en chercher, vas-y mettre ordre.* é.
1. Aller (s'en) exige que le pronom en précède toujours l'auxiliaire. Ainsi il faut dire : *je m'en suis allé, etc.* On doit écrire à l'impératif *va-t-en*, et non *va-t-en*.
1. Aller (y) fait au futur *j'irai, etc.*, et au conditionnel *j'irais, etc.*, en supprimant le pronom *y*. é.
78. Apparaître. a, é.
Apparoir n'est usité qu'à l'infinitif avec *faire*, et à la 3me pers. sing. du prés. de l'indicatif, où il ne s'emploie qu'*impersonnellement*, et où il fait *il appert*. a.
22. Appartenir. a.
82. Apprendre. a.
4. Assaillir. a.
25. Asseoir.—L'Académie conjugue ce verbe encore ainsi : IND. présent : *j'assois, tu assois, il assoit; ni. assoyons, vous assoyez, ils asseient.* IMP : *j'assoyais, etc.* fut. *j'assoirai, etc.* cond : *j'assoirais, etc.* IMP : *assois, assoyons, assoyez.* SUBJ. pr : *j'assoie, etc.; que nous assoyions, que vous assoyiez, qu'ils assoient.* — Quelques auteurs écrivent au fut : *j'asseyerai, etc.*; au cond : *j'asseyerais, etc.*; et au prés. du subj : *que j'asseye, etc.; que nous asseyions, que vous asseyiez, qu'ils asseient.* a.
54. Astreindre. a.
80. Atteindre. a.
Attraire est vieux et inusité.
45. Aveindre. a.
23. Avenir : *Voyez* Advenir. é.
26. Avoir. (V. page 4). Conjugué *impersonnellement*, ce verbe est toujours accompagné de *y*. Ex : *il y a; il y avait, etc.* a.

B.

44. Battre. a.
Bénir.—Ce verbe est régulier, mais il a deux part. passés, *bénit, e* et *béni, e.* Le premier signifie *consacré par l'Église: du pain bénit, de l'eau bénite.* Le second a toutes les significations du mot : *bénis sont les rois qui chérissent leurs peuples ; soyez bénie de Dieu, sainte compagnie.* a.
45. Boire. a.
5. Bouillir. a.
Braire n'a que l'infinitif, le prés. de l'ind : *il brait, ils braient,* le fut : *il braira, ils brairont,* le cond : *il brairait, ils brairaient.*
Bruire n'a que l'inf., le part. prés : *bruyant,* le prés. de l'ind : *il bruit,* et l'imp : *il bruyait, ils bruyaient.*

C.

46. Ceindre. a.
Chaloir est vieux, familier et ne se dit qu'au prés. de l'ind : *peu m'en chaut, il ne m'en chaut.*
Choir ne se dit guère qu'à l'inf., et au part. passé *chu.* Au lieu du fém. *chue* on a dit *chute.* é.
47. Circoncire. a.
62. Circonscrire. a.
25. Circonvenir. a.
44. Cloro ou Clorré. a.
72. Combattre. a.
72. Commettre. a.
78. Comparaître. a, é.
Comparoir.—On dit plus souvent *comparaître.*
81. Complaire.—Le part. passé *complu* est toujours invariable. a.
82. Comprendre. a.
72. Compromettre. a.
6. Concourir. a.
Condouloir (se) est du style badin et vieux.
50. Conduire. a.
51. Confire. a.
68. Conjoindre. a.
58. Connaître. a, é.
5. Conquérir. a.
19. Consentir. a.
22. Construire. a.
22. Contenir. a.
54. Contraindre. a.
64. Contredire. a.
64. Contrefaire. a.
22. Contrevenir. a.

du mot *y*. Ex : il y a ; il y avait, etc. a.
91. Convaincre. a.
25. Convenir. a, é.
Corrompre.—*Voy.* Rompre. a.
55. Coudre. a.
6. Courir. a, é.
Courre n'est usité que dans *courre le cerf, le daim, le lièvre; courre la bague.*
16. Couvrir. a.
34. Craindre. a.
55. Croire. a.
56. Croître. a, é.
7. Cueillir. a.
57. Cuire. a.

D.

44. Débattre. a.
5. Débouillir. a.
27. Déchoir. a, é.
48. Déclore.
51. Déconfire. a.
55. Découdre. a.
16. Découvrir. a.
62. Décrire. a.
Décroire n'est guère usité qu'en opposition avec le mot *croire* et dans cette phrase : *je ne crois ni ne décrois.*
56. Décroître. a, é.
57. Décuire. a.
58. Dédire. a.
90. Défaillir n'est plus guère usité qu'à l'inf., au pl. du prés. de l'ind., à l'imp., au passé déf. et au passé indéfini. a.
64. Défaire. a.
68. Déjoindre. a.
12. Démentir. a.
72. Démettre. a.
Démouvoir. a.
17. Départir. a.
79. Dépeindre. a.
81. Déplaire.—Le part. passé *déplu* est tout invariable. a.
82. Dépourvoir n'est guère usité qu'à l'inf., au passé déf. et au passé indéfini.
82. Déprendre. a.
25. Déprévenir. a.
82. Désapprendre. a.
8. Desservir. a.
20. Desservir. a.
22. Détenir. a.
59. Détruire. a.
24. Devenir. é.
Devoir et Redevoir sont réguliers, mais ils prennent un accent circonflexe au part. passé masc. sing : *dû, redu.* a.
50. Dire. a.
23. Disconvenir. é.
6. Discourir. a.
68. Disjoindre. a.
78. Disparaître. a, é.
42. Dissoudre. a.

90. Distraire. a.
8. Dormir. a.
Duire est vieux et ne s'emploie qu'à la 3e pers. sing. du prés. de l'ind : *cela ne vous duit-il pas? cela ne me duit pas.*

E.

44. Ébattre (s'). é.
5. Ébouillir. a.
28. Échoir. a, é.
61. Éclore n'est usité qu'aux 3mes pers. dans les t. comp. é.
50. Éconduire. a.
62. Écrire. a.
69. Élire. a.
44. Embattre.—L'Académie écrit *embattre,* par un seul *t.* Nous pensons que c'est une faute typographique, la racine de ce mot étant *battre.* a.
45. Emboire (s') ne se conjugue qu'aux 3me pers. a.
72. Émettre. a.
75. Émoudre. a.
30. Émouvoir. a.
54. Empreindre. a.
46. Enceindre. a.
48. Enclore. a.
6. Encourir. a.
8. Endormir. a.
54. Enfreindre. a.
46. Enfuir (s'). é.
68. Enjoindre. a.
5. Enquérir (s').
Enquerre.—Vieux mot synonyme de *s'enquérir,* et qui n'est usité que dans la locution *à enquerre.*
87. Ensuivre (s') ne s'emploie qu'à la 3me pers. Dans les temps comp., disent les grammairiens, *en* se détache de *suivre* pour se placer avant l'auxiliaire. *Il s'en est suivi, etc.* Cependant l'Académie dit : *... et tout ce qui s'était ensuivi.* On ne doit pas dire *il s'ensuit de là,* mais *il suit de là.*
59. Entre-détruire (s') ne se conjugue qu'au pluriel.
70. Entre-luire ne se conjugue qu'aux 3mes pers. a.
72. Entre-mettre (s'). é.
75. Entre-nuire (s') ne se conjugue qu'au pluriel.
82. Entreprendre. a.
8. Entre-secourir (s') ne se conjugue qu'au pluriel.
87. Entre-suivre (s') ne se conjugue qu'au pluriel.
22. Entretenir. a.
40. Entrevoir. a.
45. Entr'ouir est peu usité.—Au passé défini on écrit *nous entr'ouïmes, vous entr'ouïtes,* et à l'imp. du

subj. *qu'il entr'ouit* a un tréma sur l'*i*.
16. Entr'ouvrir. a.
2. Envoyer. a.
82. Éprendre (s') est usité tout au part. passé et temps composés.
39. Équivaloir. a.
80. Éteindre. a.
63. Être. (*Voyez* page 5.)
54. Étreindre. a.
49. Exclure. a.
90. Extraire. a.

F.

9. Faillir n'est guère usité qu'à l'inf., au fut., au cond., aux temps comp.—L'Académie dit au fut : *je faudrai, etc.* Cette forme est peu usitée aujourd'hui.
64. Faire.—Quelques personnes écrivent au part. prés : *faisant,* et à l'imp. de l'ind : *je faisais,* mais cette orthographe serait conforme à la prononciation et plus en analogie avec le fut. et le cond., et peut-être ne vaudra-t-elle un jour, mais en attendant il vaut mieux suivre cela que nous avons indiqué, qui est pour l'usage de l'Académie et tous les bons auteurs.
29. Falloir.—(*Imp.*)
65. Feindre.
Férir ne s'emploie guère que dans *sans coup férir.* Part : *féru, e.*
Fleurir employé au figuré c'est-à-dire en parlant des arts, des sciences, d'un empire, fait au part. prés : *florissant,* et à l'imp. de l'ind : *il florissait.* Dans le sens propre le verbe est régulier ainsi que *refleurir.*
Forclore n'est guère employé qu'à l'inf. et au part. passé *forclos, e.*
64. Forfaire n'est usité qu'à l'inf. aux temps comp.
77. Forpaître ne se conj. qu'au prés. des temps comp.
66. Frire.—On se sert du verbe *faire* pour suppléer les temps et aux personnes qui manquent à ce verbe : *nous faisons frire, vous faites frire, etc.*
10. Fuir.

G.

67. Geindre est familier. a.
11. Gésir ou Gir.—Quelques

ON. ET A L'EMPLOI DE CHACUN D'EUX EN PARTICULIER.

Chaque verbe ci-dessous se conjugue comme celui des *verbes irréguliers simples*, pages 10, 11, 12 et 13, dont il porte le
ttre *a*, après un verbe, indique que ce verbe se conjugue avec l'auxiliaire *avoir*, et la lettre ê marque qu'il se conjugue

---

sonnes écrivent comme on
prononce : *nous gissons*,
etc.; je gissais, etc.; gissant.

H.

Haïr est régulier et conserve
le tréma sur l'ï dans toute
sa conjugaison, excepté au
sing. du prés. de l'ind., *je
hais, tu hais, il hait*, et de
l'impér. *hais*. Aux deux
pers. pl. du passé défini,
n. *haïmes, v. haïtes*, et à
la 3ᵐᵉ pers. sing. de l'imp.
du subj. *qu'il haït*, le tréma remplace l'accent cir-
conflexe.

I.

Imboire n'est plus usité qu'au
part. passé *imbu, e, s.*
Inclure n'est plus usité qu'au
part. passé *inclu, e, s*, employé adjectivement.
0. Induire. a.
2. Inscrire. a.
9. Instruire. a.
8. Interdire. a.
Interrompre. V. Rompre. a.
3. Intervenir. ê.
0. Introduire. a.
Issir n'est plus usité qu'au
part. passé *issu, e, s*, comme adjectif.

J.

8. Joindre. a.

L.

9. Lire. a.
0. Luire. a.

M.

2. Maintenir. a.
4. Malfaire n'est guère usité
qu'à l'inf. et au part. passé.
2. Maudire. a.
2. Méconnaître. a.
Mécroire ne se dit guère que
dans cette phrase, prover-
biale : *il est dangereux de
croire et de mécroire.*
3. Médire. a.
4. Méfaire est familier et peu
usité. a.
2. Mentir. a.
4. Méprendre (se).
5. Mésavenir (*imp.*) ne se dit
guère qu'à l'infinitif. ê.
5. Messeoir est peu usité. a.
7. Messeoir.
2. Mettre. a.
5. Moudre. a.

15. Mourir. ê.
30. Mouvoir.—Le participe passé
mû ne prend l'accent circonflexe qu'au *masculin
singulier.* a.

N.

74. Naître. ê.
75. Nuire. a.

O.

22. Obtenir. a.
Occire est vieux. Part. Passé.
occis, e, s.
82. Offrir. a.
79. Oindre. a.
15. Omettre. a.
15. Ouïr. — Au passé défini on
écrit *n. ouïmes, v. ouïtes*,
et à l'imp. du subj. *qu'il
ouït*, avec un tréma sur
l'ï.
16. Ouvrir. a.

P.

77. Paître ne s'emploie aux temps
comp., que dans cette phrase
familière : *il a pu et repu*,
et en termes de fauconne-
rie.
8. Paraître. a.
64. Parcourir. a.
Parfaire n'est guère usité
qu'à l'inf. et dans la locution : *fait et parfait.*
Partir (partager) est régulier et peu usité.
17. Partir (*se mettre en chemin*). ê.
25. Parvenir. ê.
79. Peindre. a.
72. Permettre. a.
80. Plaindre. a.
81. Plaire. a.
51. Pleuvoir (*imp.*) — Au figuré
ce verbe s'emploie aux 3ᵐᵉˢ
pers. pl.: *ils pleuvent; etc.* a.
76. Poindre n'est guère usité
qu'à l'inf. et dans *oignez
vilain, il v. poindra; poi-
gnez vilain il vous oindra*,
et *quel façon vous point?*
Portraire est vieux.
82. Poursuivre. a.
52. Pourvoir. a.
53. Pouvoir. — On ne dit pas
peu-je, mais puis-je? a.
38. Prédire. a.
69. Prélire est peu usité.
82. Préscrire. a.
62. Prescrire. a.
54. Prévaloir. a.
75. Prévoir. a.
50. Produire. a.
72. Promettre. a.

30. Promouvoir n'est usité qu'à
l'inf. et aux temps com-
posés. a.
62. Proscrire. a.
25. Provenir. ê.

Q.

Quérir ne s'emploie qu'après
aller, venir, envoyer.

R.

44. Rabattre. a.
85. Raire.
82. Rapprendre. a.
25. Rasseoir. V. Asseoir. a.
89. Rattendre. a.
Ravoir.
72. Réadmettre. a.
44. Rebattre. a.
5. Reboire. a.
5. Rebouillir. a.
Rechoir est vieux.
Reclure n'est d'usage qu'à
l'inf. et aux temps comp. de
réclus, e, s.
50. Reconduire. a.
52. Reconnaître. a.
5. Reconquérir. a.
50. Reconstruire. a.
25. Reconvenir. ê.
55. Recoudre. a.
6. Recourir. a.
16. Recouvrir. a.
62. Récrire. a.
8. Recroître. a.
57. Recuire. a.
44. Redébattre. a.
56. Redécroître. a. ê.
64. Redéfaire. a.
Redevoir. V. Devoir. a.
60. Rédiger. a.
69. Réduire. a.
9. Refaillir. a.
64. Refaire. a.
Refouir. V. Fleurir.
66. Refrire. V. Frire.
40. Refuir. ê.
68. Rejoindre. a.
70. Reluire. a.
72. Remettre. a.
75. Rémoudre. a.
75. Remoudre. a.
50. Rémouvoir n'est guère usité. a.
74. Renaître n'a que les temps
simples.
8. Rendormir. a.
50. Renduire. a.
90. Rentraire. a.
2. Renvoyer. a.
77. Repaître. — Ce verbe a un
passé déf. *je repus, etc.*,
et un imp. du subj. *que je
repusse, etc.*
78. Reparaître. a.
17. Repartir. a. ê.

70. Repeindre. a.
19. Repentir (*se*). ê.
51. Repleuvoir. (*Imp.*) a.
82. Rapprendre. a.
50. Reproduire. a.
72. Reprometre. a.
5. Requérir. a.
84. Résoudre (*décider*). a.
84. Résoudre (*convertir*) fait au
part. passé masc. *résous*,
sans féminin. a.
19. Ressentir. a.
Ressortir (*être du ressort*) est
régulier.
21. Ressortir (*sortir de nou-
veau*) a.
25. Ressouvenir (*se*).
54. Restreindre. a.
89. Retendre. a.
89. Retendre. a.
22. Retraire. a.
90. Retraire. a.
25. Revoir. a.
24. Revêtir. a.
92. Revivre. a.
40. Revoir. a.
41. Revouloir. a.
85. Rire. a.
Rompre, Corrompre et Interrompre sont rég., mais ils
prennent un t à la 3ᵉ pers.
sing. du prés. de l'ind. : *il
rompt, il corrompt, il in-
terrompt.*
16. Rouvrir. a.

S.

Saillir (*couvrir*) est rég. a.
18. Saillir (*s'avancer en dehors*)
n'a point d'usage aux temps
composé.
64. Satisfaire. a.
56. Savoir. a.
6. Secourir. a.
50. Séduire. a.
Semondre est vieux.
19. Sentir. a.
Seoir (*être assis*) n'est plus
guère en usage qu'à ses
part.: *séant et sis, e, s.*
Quelquefois on dit encore,
en poésie et dans le style
familier : *sieds-toi.*
37. Seoir (*être convenable*).
Seoir (*tenir séance*) fait au
part. présent *séant*, et au
part. passé *sis, e, s*, seuls
temps usités.
20. Servir. a.
Sortir (*obtenir*) est rég. et
n'est guère d'usage qu'en
termes de jurisprudence, et
seulement aux 3ᵉˢ person-
nes.
21. Sortir (*passer du dedans au
dehors*). a. ê.
Soudre est vieux.
14. Souffrir. a.
Souloir est vieux et ne s'est

guère dit que dans *il soulait dire, il soulait faire.*
72. Soumettre. a.
Soördre ne s'emploie qu'à l'infinitif et à la 3ᵉ pers. sing.
du prés. de l'ind.: *on voyait
l'eau soördre de terre; un
nuage sourd.*
85. Sourire. a.
62. Souscrire. a.
90. Soustraire. a.
22. Soutenir. a.
25. Souvenir (*se*).
80. Suffire. a.
87. Suivre. a.
Suraller.
30. Surcroître est inusité dans le
langage médical. a. ê.
64. Surfaire. a.
82. Surmettre.
82. Surprendre. a.
25. Survenir. ê.
24. Survêtir. a.
92. Survivre. a.

T.

88. Taire. a.
89. Teindre. a.
22. Tenir. a.
Tistre, synonyme de *tisser*,
n'est plus en usage que dans
les temps composés de son
participe passé *tissu, e, s.* a.
50. Traduire. a.
90. Traire. a.
73. Transmettre. a.
4. Tressaillir. — Quelques célè-
bres prosateurs ont écrit,
par euphonie, *il tressaillit*,
au présent de l'indicatif, et
plusieurs grammairiens distingués disent au futur *je
tressaillerai, etc.*, et au
conditionnel, *je tressaillerais,
etc.*

V.

91. Valoir est peu usité au singulier du présent de l'indicatif et à l'impératif. a.
59. Valoir. a.
24. Vêtir est peu usité au singulier du présent de l'indicatif
et de l'impératif.
92. Vivre. a.
40. Voir. a.
41. Vouloir. A l'impér. on dit, par
politesse, *veuillez* au lieu de
voulez. a.

Total des Verbes irréguliers :

358.

Tout verbe qui est après son sujet

je finit par	**e**[1]**, ai**[2]**, x**[3]**, s**[7]**.**		**nous** finit par	**s.**	
tu —	**x**[3]**, s**[7]**.**		**vous** —	**z**[2]**, s**[?]	
il' —	**e**[1]**, a**[4]**, c**[5] **d**[6] **t**[7]**.**		**ils*** —	**nt.**	

* ou un autre mot singulier,

* ou un autre mot pluriel,

1. quand la dernière syllabe est MUETTE : *je* ou *il parle;* au présent de l'indicatif des verbes de la 1re conjugaison : *je* ou *il prie, je* ou *il continue, je* ou *il crée, je* ou *il paie, je* ou *il ploie;* et au présent du subjonctif de tous les verbes : *que je* ou *qu'il voie.*
  EXCEPTÉ : *je vais* ou *je vas;* — *il va; qu'il ait; que je sois,* — *qu'il soit.*
2. quand la dernière syllabe se prononce È : *je parlai,* — *vous parlez.*
3. quand la dernière syllabe se prononce EU ou AU : *je veux, je vaux,* — *tu veux, tu vaux.*
  EXCEPTÉ : *je meus* — *tu meus* et ses composés.

4. quand la dernière syllabe se prononce A, et que le pluriel ne se termine ni en SENT ni en TENT : *il parle, il parlera.*
5. dans *il vainc* et *il convainc.*
6. dans *il sied* et ses composés, et au présent de l'indica[tif] des verbes dont le présent de l'infinitif, terminé [en] DRE, ne finit ni par INDRE ni par SOUDRE : *il rend, [il] fond, il coud.*
7. dans tous les autres cas : *je finis,* — *tu finis,* — *il fini[t], vous êtes, vous dites.*

Lons-le-S., Imp. et Lith. de ROBE[RT]

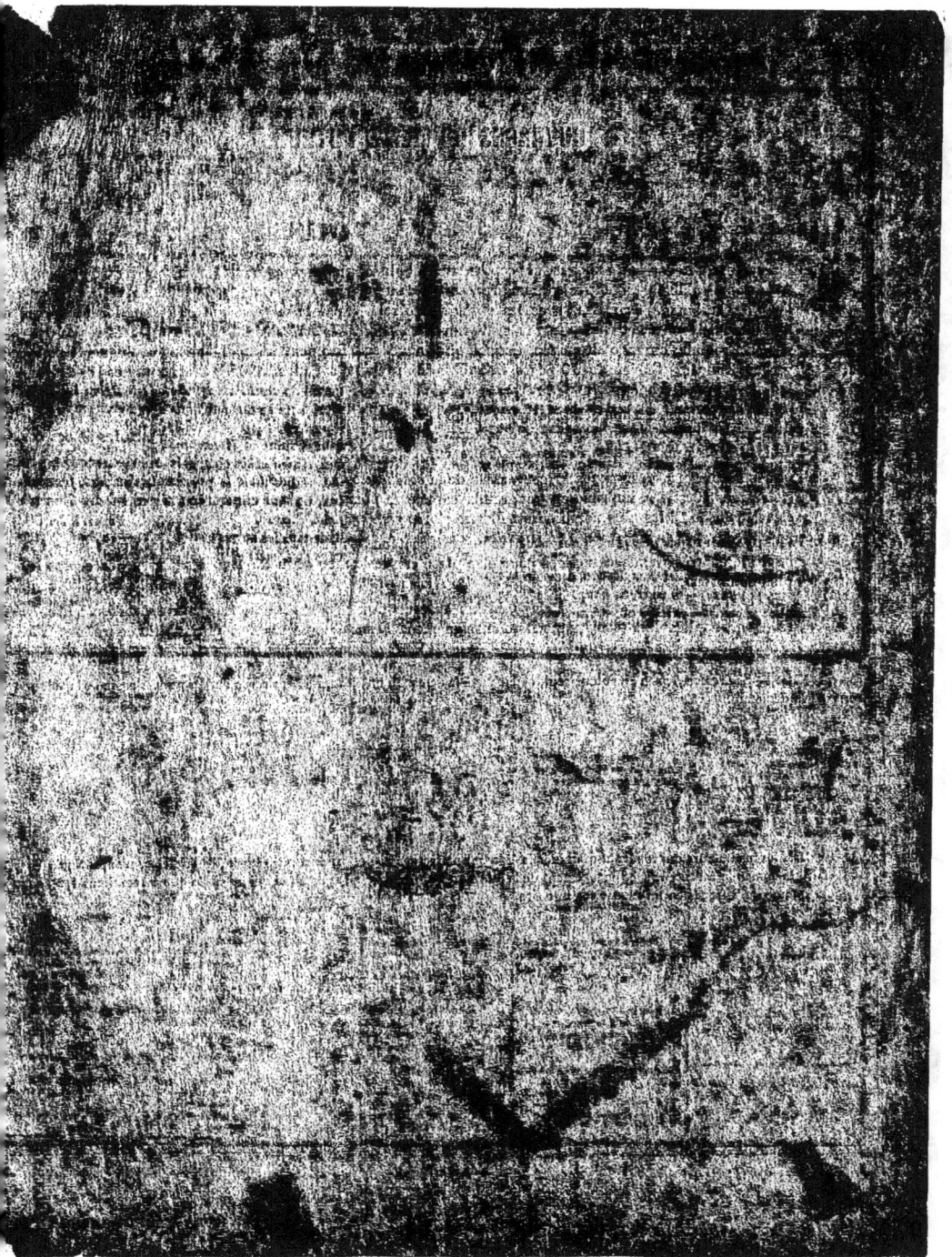

www.ingramcontent.com/pod-product-compliance
Lightning Source LLC
Chambersburg PA
CBHW060720280326
41933CB00013B/2507